JN040306

米寿のお祝い記念

美智子さま 愛のお言葉大全

小田部雄次 監修
別冊宝島編集部 編

宝島社

巻頭 賀のお祝いを迎えて

上皇陛下と静かに過ごされる日々

お住まいを仙洞仮御所に移され、上皇陛下とともに暮らされている美智子さま。上皇陛下との散策や趣味とされている読書やピアノの演奏をしながら日々を過ごされている。

令和３年10月４日、吹上御所を散策されている上皇陛下と美智子さま。同年、10月20日には数え年で米寿のお誕生日を迎えられた。（宮内庁提供）

米寿

令和３年（数え88歳）

美智子さまは、上皇陛下とお互いの体調を気遣いながら過ごされている。日課である上皇陛下との朝夕の仙洞仮御所の散策や朝食後の本の音読を今も続けられている。

お庭を抜ける「風の通り道」に気づかれ、
そこを通るときに陛下としばらく立ち止まり風を楽しまれた

［宮内庁ホームページ「上皇后陛下のご近況について」（令和3年10月）］

また、令和3年は、東京オリンピック・パラリンピックが開催された。パラリンピックがオリンピックと同等に位置づけられるようになったことについて、障害者スポーツの発展に尽力してきた人々への感謝とともにお喜びを示された。

ご公務に励まれる傍らで趣味を楽しむ日々

国賓のお迎えやカルチャーフェスティバルの参加などご公務につかれる一方で、天皇陛下（現・上皇陛下）とともに和やかな時間を過ごされていた。

繰り返し大前に参らせて頂く緊張感の中で、そうした所作を体が覚えていてほしい

［平成25年　お誕生日に際し］

傘寿

平成25年
（数え80歳）

平成25年、天皇陛下（現・上皇陛下）と美智子さまは、ご自身でご訪問の場所と時期をお決めになってお出ましになる私的旅行を始められた。この私的旅行を含め、平成25年10月のお誕生日ま

平成25年２月７日、天皇陛下（現・上皇陛下）と美智子さまはご静養のため神奈川県葉山町を訪れられた。葉山御用邸前の海岸・小磯の鼻を散策された。（朝日新聞出版提供）

でに9府県18市7町3村※を訪問されていたという。

同年8月には音楽家たちの奏でるバイオリン、クラリネットなどに合わせてアンサンブルを学ばれた。お具合のよいときには、天皇陛下とテニスをご一緒にされることもあったという。

※ご静養のための御用邸等へのお出ましを除いた自治体数

国内外の人々にお心をつくされる

国賓としてカンボジア国王陛下などを迎えられたり、「ねむの木賞」受賞者のご接見をされたりと、人々との交流を大切にされていた。

喜寿

平成22年
（数え77歳）

私どもはやがて、それぞれの子どもの成年を祝い、結婚し独立していくのを見送りました

［平成22年　お誕生日に際し］

平成22年、美智子さまは、国民体育大会総合開会式や豊かな海づくり大会、植樹祭の式典にご臨席になられたり、肢体不自由児・重症心身障害児関係の「ねむの木賞」受賞者のご接見をさ

平成22年1月25日、農林水産祭をご訪問された天皇陛下（現・上皇陛下）と美智子さま。天皇杯を受賞した農作物や畜産物を見学された。

れたりと、日本社会や世界の問題への理解を深める努力を重ねられていた。

国外へのご訪問はなかったが、国賓としてカンボジア国王陛下をお迎えになったり、日本の大使夫妻を午餐にお招きになったりと心をつくされた。

古希／平成15年（数え70歳）

先代から受け継いだ文化を守り続ける

外国文化との交流をもちつつ、日本の文化の継承にも励まれている美智子さま。この年のご養蚕ではまゆ201キロの収穫があった。

何もなにも懐しく、陛下とご一緒に思い出のある場所をたずねたり、樅の木にかこまれた鹿島の森や泉の里の道を歩いて過ごしました

［平成15年　お誕生日に際し］

平成15年5月、その年のご養蚕を始められ、桑の葉を摘まれた美智子さま。ご給桑やわら蔟（まぶし）作りなどの作業をするため、ご公務の合間に桑園やご養蚕所においでになられた。収穫された

平成15年6月、新潟県を訪問された天皇陛下（現・上皇陛下）と美智子さま。柏崎市役所の訪問を終え、見送りに集まった人たちに手を振られた。

まゆの一部は、御物絹織物復元10カ年計画の最終年分として正倉院へ送られた。

このほか、ご旅行や催事でご多忙ななかでも、ご自由な週末には天皇陛下（現・上皇陛下）と一緒にテニスをされるのを楽しみにされている。

喜び悲しみを分かち人々の幸せを願われる

皇室に入られてから35年が経った平成6年。世間からは「皇后さまが陛下とお二人で新しい風を吹き込まれた」という声もあった。

私の務めを、陰で静かに支えてくれた人々を、今、懐かしく思い出しています

［平成6年　お誕生日に際し］

還暦

平成6年（数え61歳）

美智子さまは、平成6年の一年間で特に印象に残っていることのひとつとして「夏の酷暑と渇水」を挙げられている。この年、日本各地で春から少雨の傾向が続き、国民の間では、節水

平成６年６月12日、アメリカを訪問された天皇陛下（現・上皇陛下）と美智子さま。この後、ワシントンの迎賓館に入られた。

が呼びかけられていた。

同年、アメリカを訪問される際に「常に人々とともにあり、ともに考え、喜び悲しみを分かち、日本と日本国民の幸せを祈り続けていきたい」と述べられている。美智子さまは、この言葉が示すように常に国民に寄り添われていた。

はじめに

戦後日本の女性の理想を生きた歩み

昭和9年10月20日生まれの上皇后美智子さまは、令和3年に数え88歳の米寿となられた。幼き日に戦争や疎開を体験した美智子さまは、昭和34年4月10日に当時の皇太子であった明仁親王と結婚し、一般市民から皇族となり、新たな人生をスタートさせた。

皇太子妃としてのスタートとなる成婚パレードでは沿道で53万人もの市民が歓喜の声をあげた。人びとが美智子さまのファッションやライフスタイルを模倣するという社会現象も生んだ。

翌年9月には日米修好通商百周年を記念して皇太子とともにアメリカを親善訪問し、日米関係の発展に大きく寄与した。以後、お二人の国際親善訪問は天皇皇后時代も続き、50カ国以上、延べ128回におよんだ。この間、平成14年9月には、スイスでのIBBY（国際児童図書評議会）創立50周年記念大会に名誉総裁として、お一人で出席されることもあった。

国内でも、皇太子妃のちには皇后として、ご夫婦で全国各地を訪問され、平成30年間だけで47都道府県を2度以上回っている。被災地慰問、三大行幸啓（全国植樹祭、全国豊かな海づくり大会、国民体育大会）、ハンセン病療養所訪問など、国民に寄り添うご夫婦の精力的な活動は、多くの国民を励まし、勇気づけた。

美智子さまのライフスタイルは、同時代を生きる女性のひとつの理想を示してきた。清楚で優美なファッションや身のこなし、情愛あふれる夫婦や家族の営み、困難にある人びとへの思いやり、そしてご自身の精神力、こうした一つ一つのふるまいや言葉は、戦後日本の誇るべき財産である。

静岡福祉大学名誉教授　小田部雄次

２０２１年11月

contents

第2章 妻として支える

第3章 家族を思う

第4章 強くしなやかな生き方

第5章 愛する本と音楽へ

第6章 世界の人々への思い

第7章 国民を思うやさしさ

第8章 未来への期待

第9章 上皇陛下の美智子さまへの思い

●本文中の年齢は満年齢で記載しています。数えでの年齢に言及する場合はその旨、記載しています。
●本文中の写真は言葉の内容や時期、本文の年代と合致していない場合があります。
●掲載している言葉のなかには、趣旨を変えることなく抜粋・省略を行っている場合があります。
●写真のキャプション中の敬称は原則、当時の敬称で表記しています。
●和歌などは原則、原文のまま旧仮名遣いとしています。

装丁：妹尾善史（landfish）
執筆協力：浮島さとし
編集：田村真義（宝島社）
金丸信丈、半田明日香（ループスプロダクション）
本文デザイン・DTP：竹崎真弓（ループスプロダクション）

第１章

人生の節目を迎えて

美智子さまの言葉 001

結婚の理想

もし、私がどんな方と一緒になることになっても、それはその方自身が、ほんとうに私の結婚の理想にあてはまる方だからということです

［昭和33年11月　箱根の富士屋ホテルのロビーにて　朝日新聞　平成元年1月10日付］

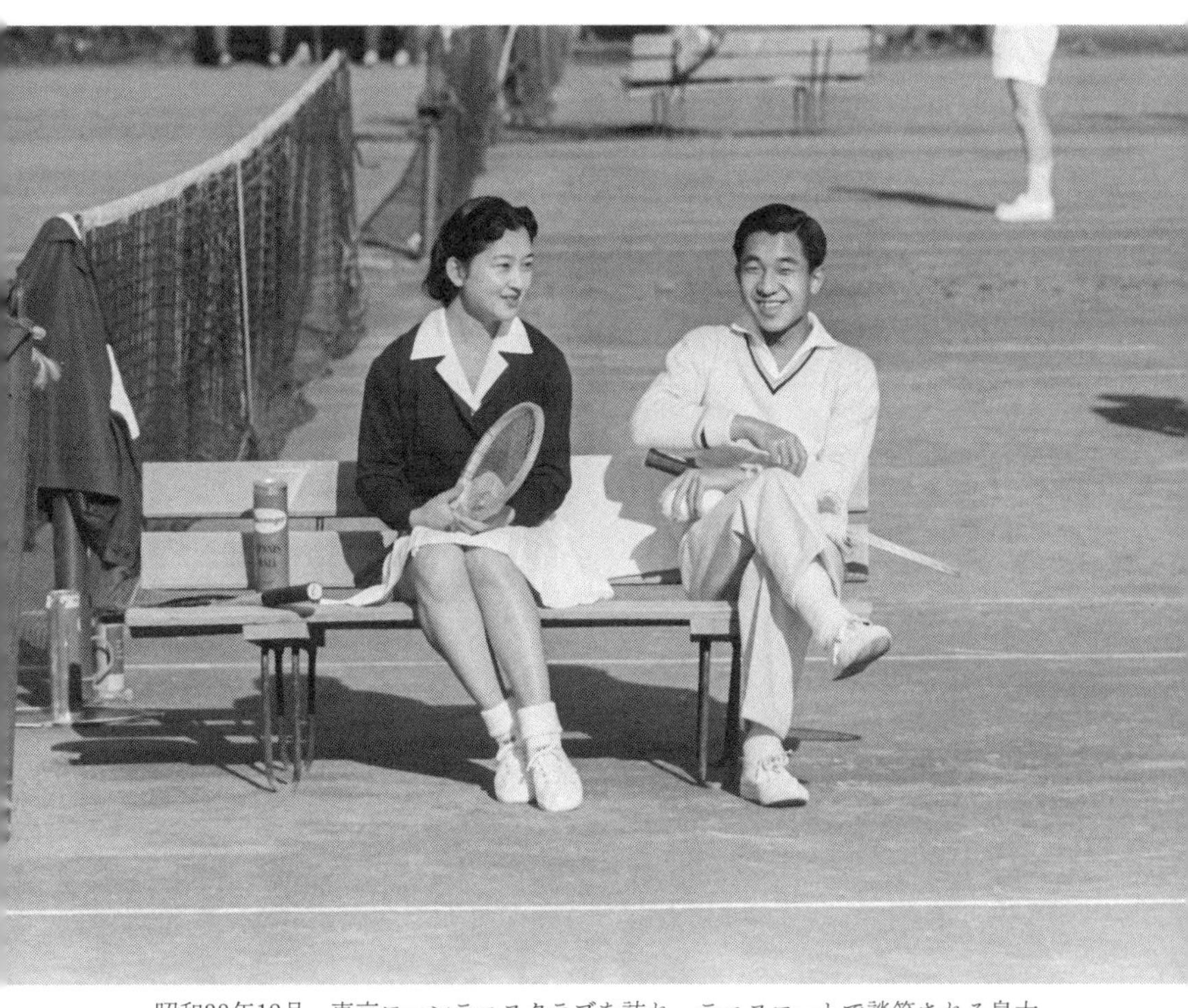

昭和33年12月、東京ローンテニスクラブを訪れ、テニスコートで談笑される皇太子殿下（現・上皇陛下）と美智子さま。

昭和33年8月、宮内庁から皇太子妃候補として正田家に連絡が届く。翌9月、美智子さまは聖心女子学院同窓生国際会議の日本代表に選ばれ欧米を訪問。帰国後に記者に質問をされた際、右のように話された。

事の重大さに美智子さまは一度はお断りの手紙を出された。それを受けて、皇太子殿下（現・上皇陛下）が自ら美智子さまに電話をかけられ、お二人だけで何度も話し合いをもたれた。

全然知らないところへ一人で飛び込んでいってベストを尽くそうと思っているのよ

［毎日新聞　昭和34年4月10日付］

昭和33年11月27日、皇室会議が行われた日の美智子さま。象牙色のドレスにミンクの肩掛け、白い手袋と靴をお召しになっている。

昭和33年11月27日に行われた皇室会議で、皇太子妃に決まった美智子さま。

右の言葉は皇太子妃教育に励むなかで、大学以来の親友に話されたものだ。

皇太子妃教育に通われていたころの美智子さまは、懸命に学ばれていた。そのお姿は、自らの心配事が小さなものに見えてくるほどだったと親友は述べている。

また、女官たちと少しでも親しくなれるよう励まれていたという。

ミッチーブームを糧に

これもわたくしにとっては教育です

［昭和33年　皇太子妃教育のためご自宅を出られた際に］

昭和34年、皇太子妃教育を受けるため、三番町の宮内庁分室に向かう美智子さま。

昭和33年、美智子さまが皇太子妃に決定すると「ミッチーブーム」が起こり、正田邸にまで全国から人々が押し寄せた。

皇太子妃教育のため、宮内庁分室に向かわれる際、自宅を出た美智子さまは、大勢の人にカメラを向けられた。右の言葉は、そのときに美智子さまが語られたものだ。

月曜日から土曜日まで宮内庁分室に通う多忙さも、成長の糧にされていた。

美智子さまの言葉 004

お互いに惹かれ合う

とてもご誠実で、ご立派で心からご信頼申し上げ、ご尊敬申し上げていける方だというところに魅力を感じました

［昭和33年11月27日　皇室会議で婚約が決まった直後の記者会見］

昭和33年11月27日、皇室会議後、宮内庁玄関で両親とともに撮影をすませた美智子さま。

皇太子妃決定後の記者会見での言葉。記者から皇太子殿下（現・上皇陛下）の魅力を質問された際、右のようにお答えになった。

皇太子殿下の第一印象を聞かれた際には「とても清潔な方という印象を覚えています」と、皇居の第一印象については「初めて皇居に入りましたが、夢中だったのでよくわかりません。ただ木が多くて美しいという印象が残っています」と述べられた。

我が家を巣立つ

この白樺をわたくしだと思ってくださ い

［浜尾実『美智子さま 心にひびく愛の言葉』（平成13年、青春出版社）］

皇室には、身の回りの品々を区別する目印として「お印」がある。

昭和34年3月半ば、美智子さまの「お印」が白樺に決まった。

その後、美智子さまは、24年間を過ごした正田家に白樺の木を残された。思い出の地、軽井沢から苗を取り寄せ、自らの手で庭に植えられたのだった。

日光を旅行された際に、学習院光徳小屋近くの白樺の林を散策する皇太子殿下（現・上皇陛下）と美智子さま。

006

周囲からの大きな期待

沢山のことにぶつかり
辛いことや苦しいことを通ってきた今、
一番に感じていることは、
「待つ」ということの大切さ、
そしてむずかしさです

［毎日新聞　昭和34年4月10日付］

昭和34年４月16日、音楽隊が奏でる祝典行進曲に合わせて「皇太子殿下ご結婚慶祝式典」に向かう皇太子殿下（現・上皇陛下）と美智子さま。

昭和34年4月ごろ、美智子さまはご婚約以来4カ月の心境を手紙につづり、毎日新聞の記者に寄せられた。右の言葉はそのときにつづられていたものだ。

手紙には、「ただ長い年月の後に皆様によかったと思っていただけるようになるために、見えないところで日々の努力を重ねることが大切なことと思われるのです」と続けられていた。

007

ご結婚10年を迎えて

振り返ってみる時、
苦しかった記憶以上に、
いろいろな場面で多くの方に
温かく導いていただいた
という印象が強いのです

［昭和44年　ご成婚10年に際し］

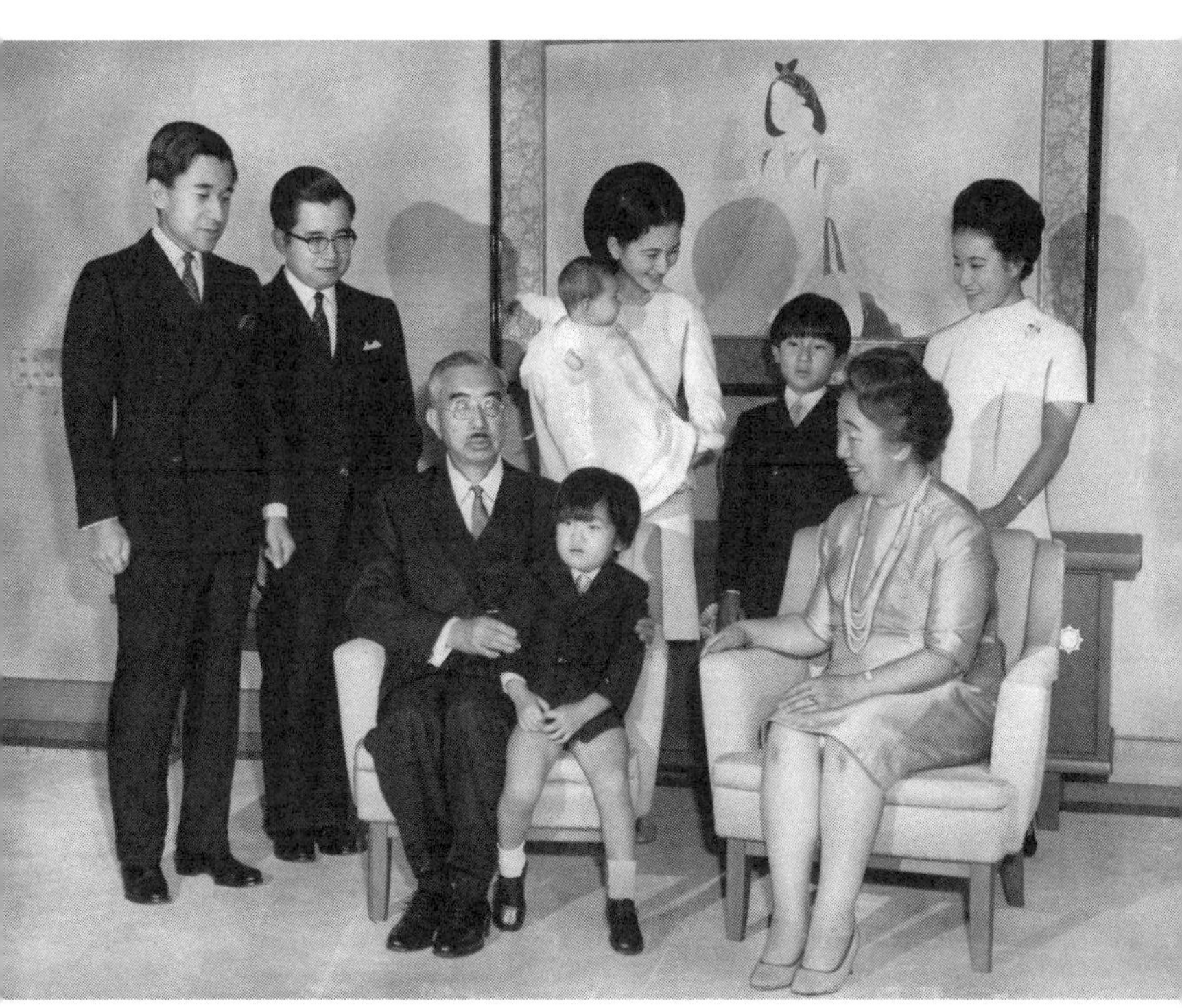

昭和44年12月、新宮殿でだんらんをされている昭和天皇ご一家。美智子さまに抱かれているのは、紀宮さま（現・黒田清子さん）。

昭和44年、皇太子殿下（現・上皇陛下）と美智子さまは結婚10周年を迎えられた。右は軽井沢で開かれた記者会見での言葉である。

美智子さまはこの前段で、ご結婚から間もないころは慣れないことも多かったと語られた。

また、同年4月18日に誕生された紀宮さま（現・黒田清子さん）の教育について聞かれると「素直で優しい女性に育ってほしい」と述べられた。

受け入れる

その人が、仮に一時それに
ふさわしくなくても
受け入れるところが
家庭なのではないかと
今もそう思っております

［昭和59年　ご結婚25周年に際し］

皇太子殿下への感謝

昭和59年、皇太子殿下（現・上皇陛下）と美智子さまは、ご結婚25周年を迎えられた。右の言葉は、そのときの記者会見で美智子さまがお話しになったものだ。

この前段では、皇太子殿下に「私自身が、おそばに上がらせていただいた時からずっと東宮様にすべてを受け入れていただいて、やすらいだ気持ちの中で導かれ育てていただいたという気持ちが強いものでございます」と述べられている。

香淳皇后の背中を見て

また、記者から今後の抱負を質問されると、美智子さまは「ご成婚60年のお祈りの折に、陛下が皇后陛下のことにお触れになって、常に明るく陛下をお支えになったとのお言葉がたいそう感慨深うございました。私も今はまだできませんけれども、いつか遠い先になって、東宮様にそのようにおっしゃっていただけるようにこれからの日々をつとめたいと思います」と述べられた。

新しい時代を築く

この大切な時期に
過去のことをよく学び
これからの自分のあり方について
考えたいと思います

［平成元年　天皇陛下ご即位に際し］

平成元年４月16日、昭和天皇の山陵百日祭の儀で、拝礼を終えられた美智子さま。

平成元年8月4日、天皇陛下（現・上皇陛下）ご即位に際した記者会見での言葉。美智子さまは、「陛下が、今までにも増して重い責務を果たしていらっしゃるのですから、日々のお疲れをいやす安らぎのある家庭を作っていきたいと願っています」と述べられた。

また、昭和天皇の崩御について「かけがえのない日々がとうとう終わりに来てしまった」と寂しい気持ちを表現された。

010

別れを乗り越えて

両親のもとで過ごした年月よりも
さらに長い年月が
過ぎたことを思いますと、
やはり深い感慨を覚えます

[平成元年　天皇陛下ご即位に際し]

平成元年9月、第44回国民体育大会秋季大会に出席され、稚内公園で、出迎えた人たちに笑顔で応える美智子さま。

平成元年8月4日、天皇陛下（現・上皇陛下）ご即位に際した記者会見での美智子さまの言葉。記者から、ご結婚30周年の感想を聞かれ、答えられたものだ。「民間人」よりも「皇族」として過ごした時間が長くなったことに思いを寄せられた。

また前段では、「30年にわたって、先帝陛下と皇太后陛下のお教えを受けて過ごすことができ幸せでございました」と述べられた。

011

還暦を迎えて

60年の間には、
様々なことがありましたが、
特に疎開先で過ごした
戦争末期の日々のことは、
とりわけ深い印象として
心に残っています

［平成6年　お誕生日に際し］

平成６年10月、第49回国民体育大会秋季大会開会式に出席し、貴賓席から観客に手を振って応える天皇陛下（現・上皇陛下）と美智子さま。

平成6年10月20日、美智子さまは還暦を迎えられた。美智子さまの出身地は東京であるが、戦時中に空襲を避けるために学童疎開で転校を繰り返した経験をされており、そのころを振り返った際の言葉である。

美智子さまは神奈川県鵠沼海岸にあった父の勤め先（日清製粉）の寮に疎開され、その後正田家の本家がある群馬県の館林市へと移動。最終的に長野県の軽井沢で終戦を迎えられている。

012

周囲への感謝

陛下がお健やかに今日をお迎えになったことが、何よりも有り難く、うれしく思われます

［平成11年　天皇陛下ご即位10年に際し］

先代への感謝

平成11年11月10日、天皇陛下（現・上皇陛下）ご即位10年に際して記者会見が行われた。右の言葉は、ご即位10年を迎えての気持ちを聞かれてお答えになったものだ。

また、美智子さまは、「ときに心細く思うこともございましたが、どのような時にも、陛下が深いお考えのもとで導き励ましてくださり、また、常に仰ぎ見るお手本として、先帝陛下と皇太后陛下がいらしてくださった」とお話しになり、昭和天皇と香淳皇后への感謝の気持ちを述べられた。

自分の分を果たす

また、今後果たすべき役割を聞かれた美智子さまは、「携わる人と共に考え、よい方向を求めていくと同時に、国民の叡智がよい判断を下し、人々の意思がよきことを志向するよう常に祈り続けていらっしゃる陛下のおそばで、私もすべてがあるべき姿にあるよう祈りつつ、自分の分を果たしていきたいと考えています」と述べられた。

013

祝福の日

今でも深い感謝のうちに、
昭和34年の御成婚の日のお馬車の列で、
また、9年前の陛下の御即位の日の御列で、
人々から受けた祝福をよく思い出します

［平成11年　天皇陛下ご即位10年に際し］

平成11年11月、天皇在位10周年について、記者会見を受けられた天皇陛下（現・上皇陛下）と美智子さま。

天皇陛下（現・上皇陛下）ご即位10年を迎えられた際の言葉。

「二度の旅立ちを、祝福を込めて見立ててくださった大勢の方々の温かいお気持ちに報いたいと思いつつ、今日までの月日が経ちました」「至らぬことが多うございましたが、これからも陛下のおそばで人々の幸せを願いつつ、務めを果たしていきたい」と国民や周りの方々への感謝とこれからの抱負を述べられた。

野球の松井さんに見習って私も忍耐強く治したいと思います

［平成21年　天皇陛下ご即位20年に際し］

平成21年７月、ハワイを訪問され、子どもたちのフラダンスを穏やかなまなざしでご覧になる天皇陛下（現・上皇陛下）と美智子さま。

平成21年、美智子さまは転倒によってひざを怪我されたうえ、前年には天皇陛下（現・上皇陛下）が体調を崩されたこともあり、両陛下の公務の軽減が進められていた。そのため、記者から「ご自身の健康と公務についてどうお考えか」と質問され、このように回答された。「松井さん」とは元メジャーリーガーの松井秀喜氏のことで、この年はひざの故障に苦しみながらも大活躍した。

決断を受け止める

この度の陛下の御表明も、謹んでこれを承りました

［平成28年　お誕生日に際し］

平成28年8月、天皇陛下（現・上皇陛下）は、生前退位のお考えを国民に向けて、お示しになった。

それを受けて美智子さまは上のように述べられた。そして「皇室の重大な決断が行われる場合、これに関わられるのは皇位の継承に連なる方々であり、その配偶者や親族であってはならない」と続けられた。

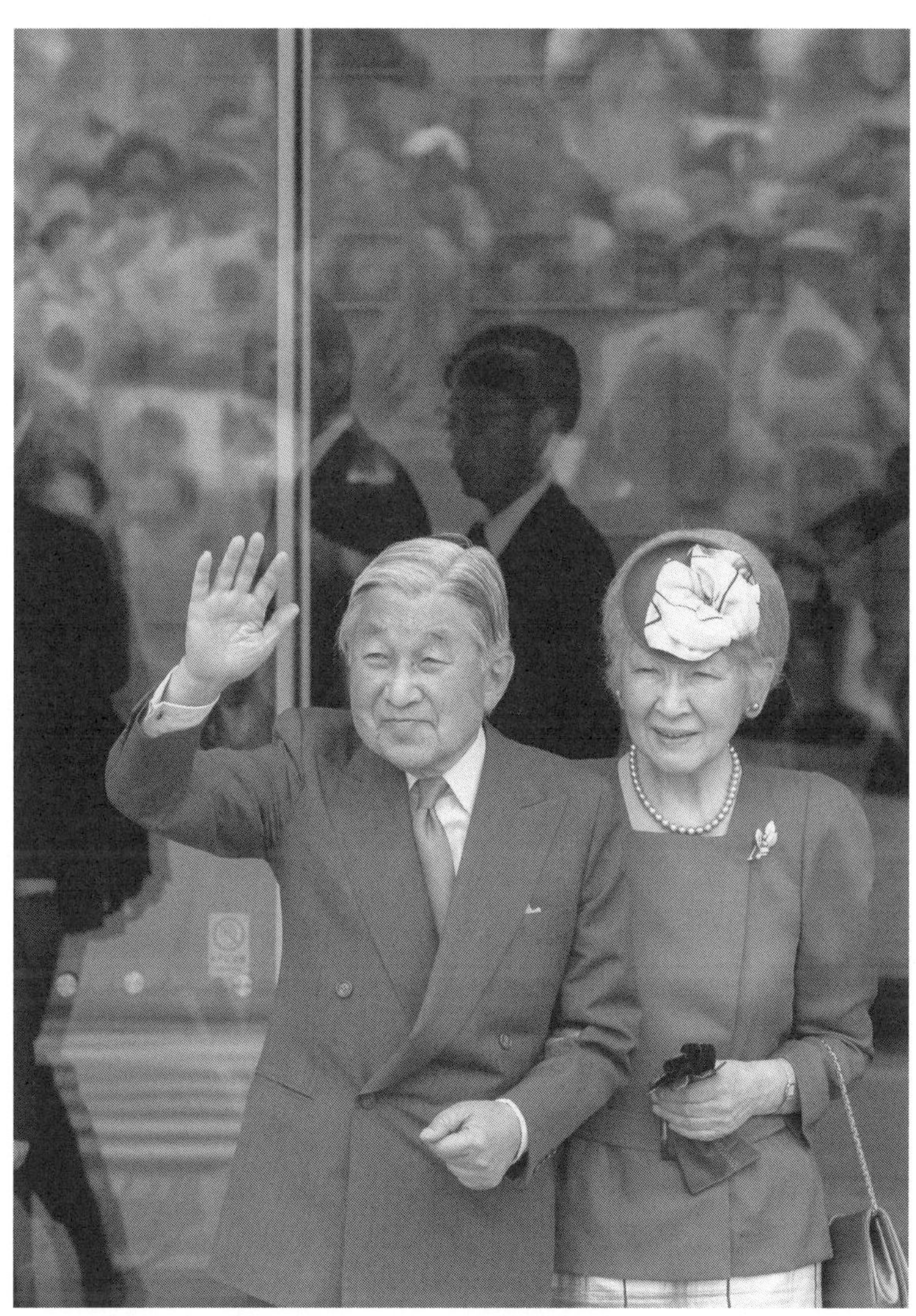

平成28年６月、高野辰之記念館へ向かうため、JR飯山駅を出発する天皇陛下（現・上皇陛下）と美智子さま。

016

心の安らぎ

残された日々を、静かに心豊かに過ごしていけるよう願っています

［平成30年　お誕生日に際し］

平成30年10月20日、皇后として最後の誕生日を迎えられた際の思いを述べられた。

天皇陛下（現・上皇陛下）について「これまでのお疲れをいやされるためにも、これからの日々を赤坂の恵まれた自然の中でお過ごしになれることに、心の安らぎを覚えています」と述べられた。

平成30年10月、皇居・宮殿の中庭を散策する天皇陛下（現・上皇陛下）と美智子さま。（宮内庁提供）

Column 1

民間から皇室へ 悩み抜き導きだした決意

美智子さまはご成婚前､のちに夫となる皇太子殿下（現･上皇陛下）に何通もの手紙を送り、思いを伝えられていた。

そのなかには、皇室に入ることへの不安がつづられていた。「充分な理解と和が、すでに皇室の方々におありになり、また、殿下が私に上がるようにおっしゃったことに強い反対が周囲におありにならなかったのでしたならば、このようには考えないかもしれません。でも今は、波紋を最小限にとどめることを考えなければなりません。そのためには目立たないところにお仕事場をみつけなくてはなりません」と述べられていた。

24歳の美智子さまは、思慮深く考えた上で、固い決心をされ、皇太子殿下という強い味方を胸に、皇室へと踏みだされたのだった。

昭和34年４月、東京都渋谷区の東宮仮御所で行われたガーデンパーティーで歓談する皇太子殿下（現・上皇陛下）と美智子さま。

第2章

妻として支える

017

新たな世界へ

ぜんぜん知らない世界に愛情だけで飛び込んでいくということは、女性としては、だれでもとても心配なことだわ

［『女性自身』昭和44年4月14日号］

昭和34年４月５日、ご自宅で最後のパーティが開かれ、親類やご友人を招いて和やかなひとときを過ごす美智子さま。

右の言葉は美智子さまが学友にお話しされた言葉。

「まして皇太子さまというう特殊な方とのお話だから、なかなか決心がつかなかった。でも私には大きな愛というものがあったから、どんな障害も乗り越える決心でお引き受けしたの」と言葉を続けられた。

民間人から皇族へと転換されるなかで、悩み迷うことも多かったというが、「大きな愛」をもって新たな世界へと進まれたのだった。

018

誠実な気持ちで

これからのことは何でも殿下とご相談して決めていきます

［毎日新聞　昭和33年11月27日付］

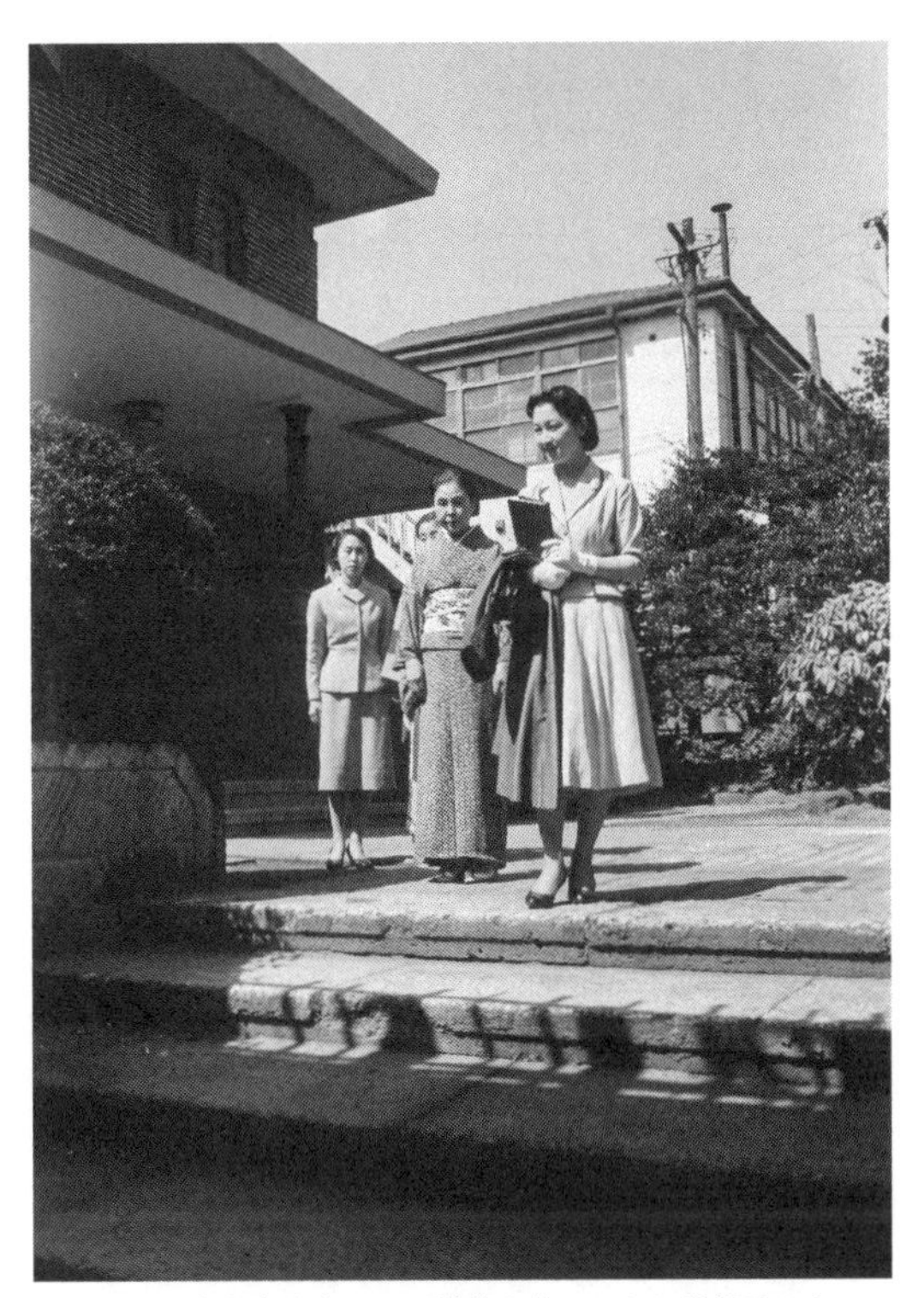
昭和34年3月20日、宮内庁分室でのご講義を終えられた美智子さま。

昭和33年、皇太子殿下（現・上皇陛下）と美智子さまの結婚が発表された。

この言葉は、皇室会議後の記者会見にて、婚約期間中の過ごし方について、質問されたものである。

美智子さまはこれに続けて、「少しでもよりよい自分をつくっていくよう修養を積んでいきます」とも述べられている。

皇太子殿下と向き合い、幸せな家庭をつくろうと励むお姿が目に浮かぶ言葉だ。

美智子さまの言葉 019

愛情をもって

竹の園生の中でも、夫婦や家族の愛情を大切にしていきたい

［『女性自身』昭和34年11月25日号］

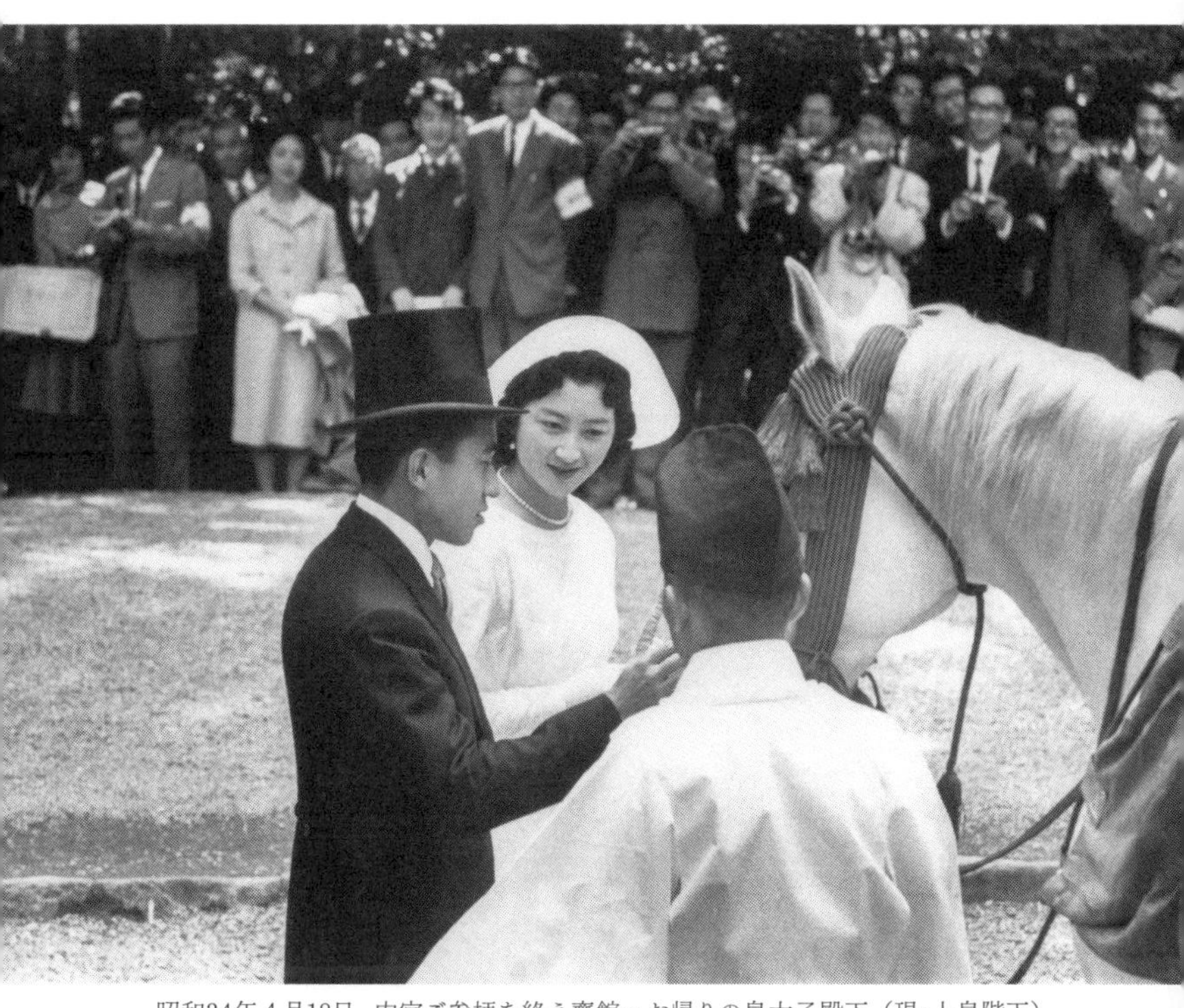

昭和34年4月18日、内宮ご参拝を終え斎館へお帰りの皇太子殿下（現・上皇陛下）と美智子さま。

右の言葉は、美智子さまが浩宮さま（現・天皇陛下）を懐妊されていたときの言葉。皇太子殿下（現・上皇陛下）はこの考えに賛成され、散歩中にご懐妊中の美智子さまの手を取るなどむつまじい様子も見られた。

竹の園生（皇室）のなかでも一家のだんらんのためを思い、「マントルピース（暖炉）だけは、つくってください」と述べられたことについても、皇太子殿下は賛成されていたという。

自らを育てる

私は修養不足なので、悩むことを期待される立場はちょっと辛いな、などと心のすみっこでいけないことを感じてしまったのですが

[毎日新聞　昭和34年4月10日付]

熱いメッセージ

右の言葉は、美智子さまがご結婚される際に述べられた言葉。

皇太子殿下（現・上皇陛下）はご結婚前の美智子さまとの４カ月間を振り返られ、「何の障害も感じず、すらすらとこの世界に入って来られる人だったら、こちらはきっとがっかりしたに違いない」というようなことをお話しになったという。

人間同士がしあわせであれば

これを聞いた美智子さまは、「やはり何か報われたように嬉しく、悩みも意義あることとして素直に肯定してしまうという気持ちになりました」と述べられた。

美智子さまは、後年、「むずかしいと思うこともたくさんあるし、つらいこともあり、いつになったらなれるのか見当もつきません。けれども一般論になりますが、人間同士がしあわせであれば、環境に対処するエネルギーも生まれてきます」と前向きな言葉を述べられている。

021

こじゅけいが鳴く庭で

ヤグワの実を取って掌にのせていただいた

［昭和59年　ご結婚25周年に際し］

昭和59年4月9日、銀婚式を迎え、記者会見する皇太子殿下（現・上皇陛下）と美智子さま。

ご結婚25年を迎えた際に皇室での日々を振り返って述べられた言葉。

印象に残っていることとして、皇太子殿下（現・上皇陛下）と結婚されてすぐのころに、御所内のお庭を皇太子殿下と散策されたことをお話しされた。

美智子さまは、こじゅけいが鳴いているお庭で皇太子殿下から、ヒノキやサワラなどの木曽五木について教えていただいたと思い出を語られた。

022

内助の功

皇太子さまが
どこかに行くときに、
行きなさいと言われたときに
行くことが、
内助の功だと思います

［河原敏明『美智子さまのおことば　愛の喜び・苦悩の日々』（平成3年、ネスコ）］

傍からお助けするようなものではない

昭和49年10月、美智子さまが40歳のお誕生日を迎えられた際の会見で、皇太子妃としての「内助の功」について、記者から質問を受けた際のご回答の一節である。

皇太子の職務というものは、たとえば夫婦で一緒に研究をしているようなものではないので、傍からお助けするようなものではないと考えられていたという。

すべてを善かれと祈り続ける

皇太子殿下（現・上皇陛下）がご視察や国際親善などのために地方や外国へ行くときは、ご自身は一緒に行くことこそが「内助の功」であると述べられた。

美智子さまのこのお考えは、その後も一貫してお変わりになることがない。還暦をお迎えになった際の会見でも、「皇后として目指される皇室観」を問われた美智子さまは、「私の目指す皇室観というものはありません。ただ、陛下のお側にあって、すべてを善かれと祈り続ける者でありたいと願っています」と慎ましくお答えになっている。

023

支え合う

一から十まで教えていただくことばかり、とても頭がまわらない

［河原敏明『美智子さまのおことば 愛の喜び・苦悩の日々』（平成3年、ネスコ）］

美智子さまが親友にお話しされた言葉。

前段では「陛下はわたくしよりずっとお年が上の感じ」と述べられた。

美智子さまは右のように述べられるものの、皇太子殿下（現・上皇陛下）は美智子さまについて「おなじ立場でものを考えてくれる人ができてうれしい」とお話しされている。

昭和37年5月9日、お二人で仲良く散歩される皇太子殿下（現・上皇陛下）と美智子さま。

美智子さまの言葉 024

そばにいるからこそ

あら、分かりますか？

［ご友人が御所を訪れた際に　河原敏明『美智子さまのおことば　愛の喜び・苦悩の日々』（平成3年、ネスコ）］

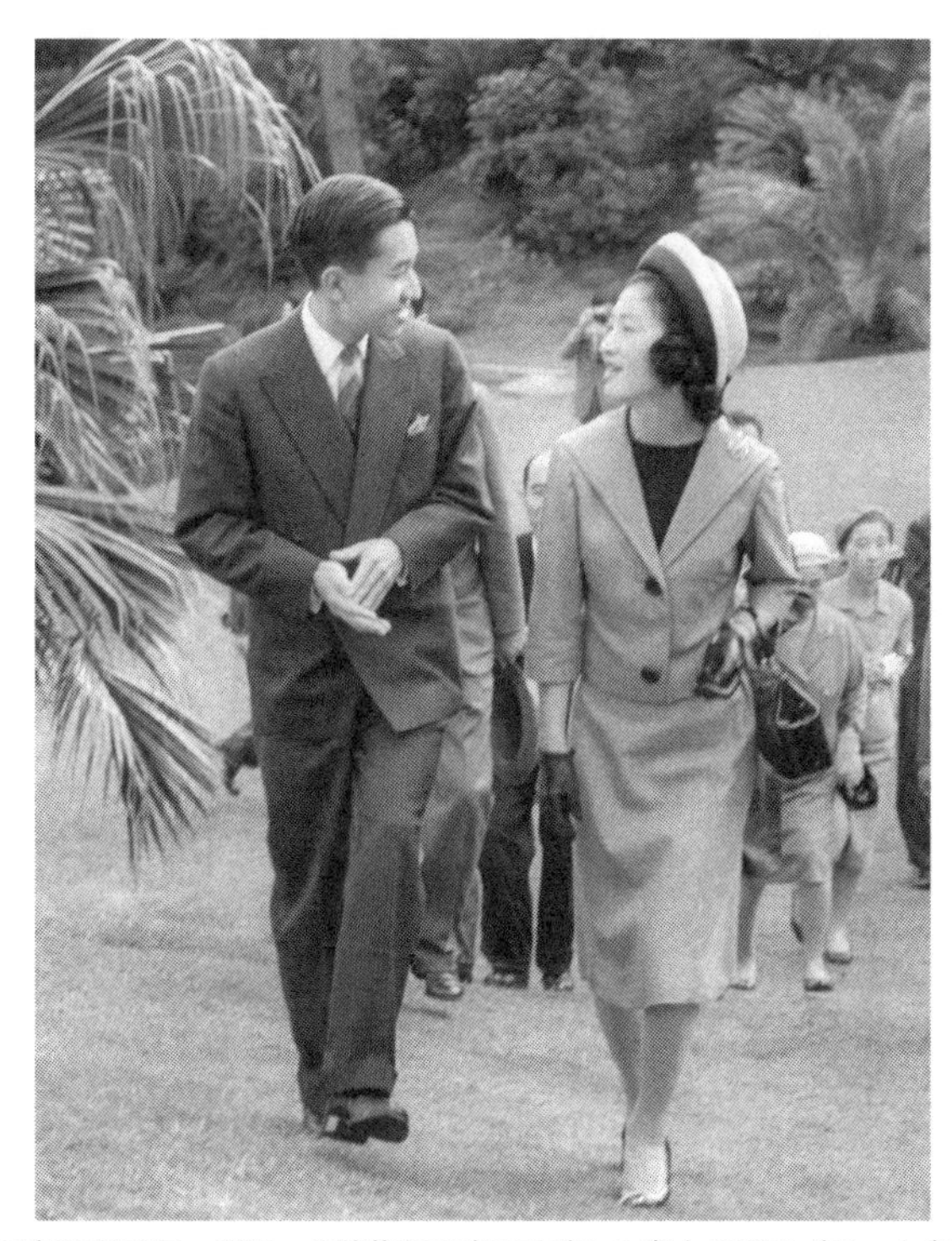

昭和36年10月16日、関西・北陸旅行で立山を訪れた皇太子殿下（現・上皇陛下）と美智子さま。

美智子さまのご友人が御所を訪れた際の言葉。

美智子さまの様子がおかしいなと感じ、「殿下といさかいでもあったのですか？」と聞いたところ右のように答えられたという。

後年、皇太子殿下（現・上皇陛下）が50歳をお迎えになる際に、夫婦げんかはあるのかと聞かれている。そのとき、皇太子殿下は「やはり、ないというわけではありませんね」と笑って述べられたという。

家族のぬくもり

温かい夜食を殿下につくって差し上げたいの

［『美智子さま愛と慈しみの40年』（平成11年、主婦と生活社）］

昭和59年8月20日、おそろいで木立のなかを散策される皇太子殿下（現・上皇陛下）、美智子さま、浩宮さま（現・天皇陛下）、礼宮さま（現・秋篠宮殿下）、紀宮さま（現・黒田清子さん）。

皇太子殿下（現・上皇陛下）と美智子さまの新居となる東宮御所の設計をする際、美智子さまは右のように述べられた。

あたたかく、だんらんを楽しめる家族を築きたいという思いで、皇太子殿下や子どもたちにご飯をつくりたいとお考えだった。

美智子さまは、併設されたキッチンで、皇太子殿下の夜食や子どもたちのお弁当をつくられていたという。

026

さみしさをうめる

（陛下が）「家庭を持つまでは
絶対に死んではいけないと思いました」
とお話しくださったとき、
私は今まで自分の見解の中にも、
読みました小説の中にも、
こんな寂しい言葉はなかった
と思いました

［河原敏明『美智子さまのおことば　愛の喜び・苦悩の日々』（平成3年、ネスコ）］

昭和62年５月20日、春の園遊会で、招待客と言葉を交わす美智子さま。

美智子さまがご結婚直後に毎日新聞記者に送った手紙にあった言葉。

家庭環境に恵まれ、家族の温かさを満喫して育ってきた美智子さまは、この言葉を思い浮かべるたびにいつも涙がでて仕方なかったという。手紙の後段では「25年間も健気にお歩きになっていらした東宮さまのために、乏しい力の全部をあげて、あたたかいホームを作ろうと決心いたしました」と述べられている。

美智子さまの言葉 027

思い出を振り返って

記憶に残っているのは、意外に小さなことです

［松崎敏弥『皇太子・美智子さまのご教育法』（昭和58年、ＫＫロングセラーズ）］

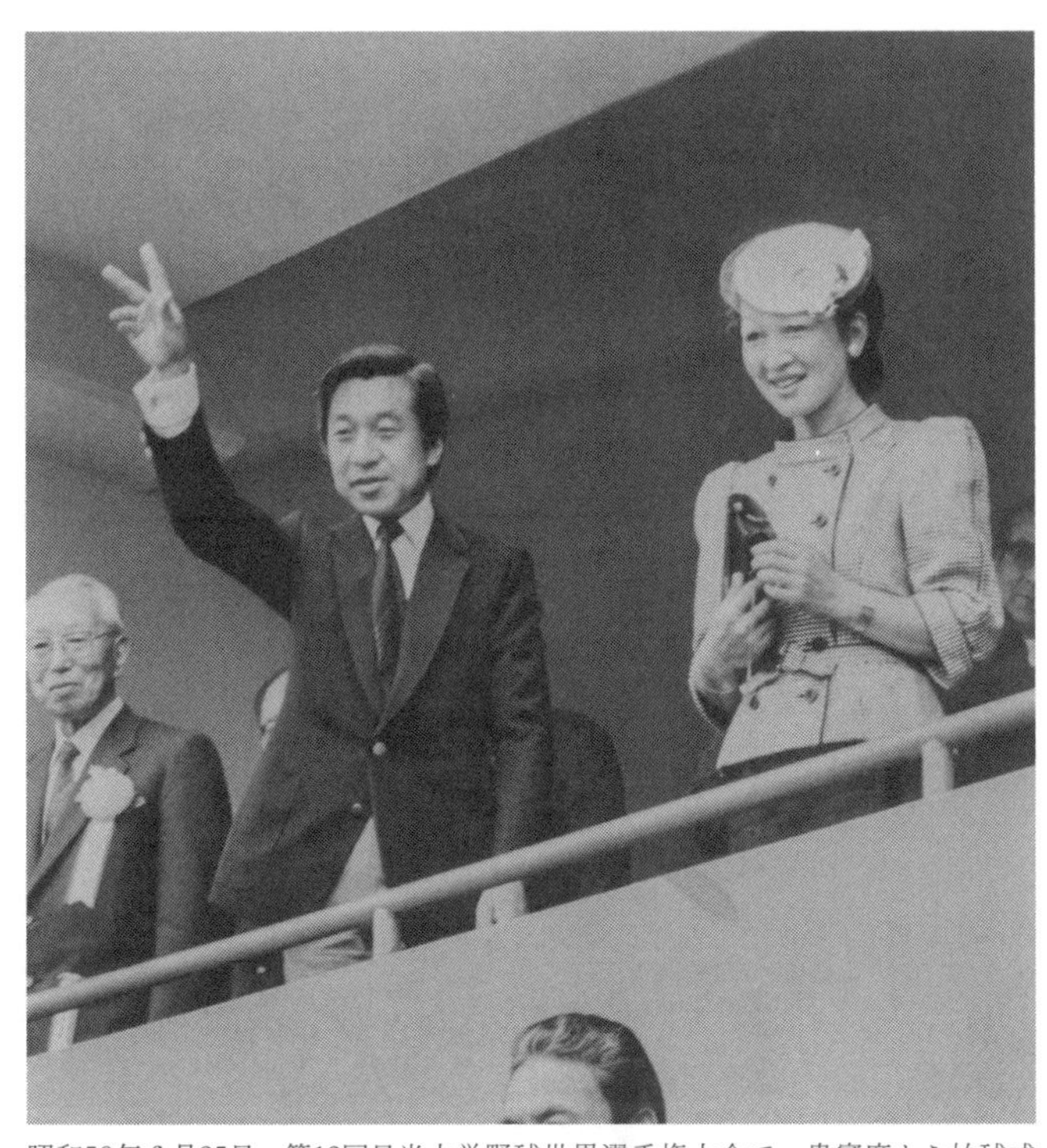
昭和58年６月25日、第12回日米大学野球世界選手権大会で、貴賓席から始球式をされた皇太子殿下（現・上皇陛下）と美智子さま。

美智子さまは、昭和59年の銀婚式を前に、右のように述べられた。

これに続けて、「瞬間、瞬間に味わうことができた小さな喜びが、過去の生活の大きな支えでした」とお話しされた。

結婚25周年の節目に、家庭の円満の秘訣を聞くと「どんなに忙しくても毎晩9時にはみんなが集まってお茶をいただきながら互いに話すようにしています」と述べられた。

028

そばにいて察する

陛下のお仕事の量や連続性を
おそばにいて体験し、
せめて陛下のお疲れの度合いを
お察しできるようでありたいと
思っております

［平成14年　ポーランド、ハンガリー訪問に際し］

平成16年11月18日、群馬県民広場で披露された郷土芸能の八木節を鑑賞される天皇陛下（現・上皇陛下）と美智子さま、デンマーク女王陛下、王配殿下。

平成14年7月、天皇陛下（現・上皇陛下）と美智子さまは、２週間の日程で、ポーランド、ハンガリーへの公式訪問に加え、チェコ、オーストリアに立ち寄られ、中欧〜東欧の４カ国を巡られている。

68歳になられた天皇陛下は、同年5月には風邪でご日程の一部を控えられていた。このため、出発前に皇居で開かれた記者会見では健康管理についても質問があった。

029

道を示してくれた

陛下が日々真摯に取るべき道を求め、
指し示してくださいましたので
今日までご一緒に歩くことができました

［朝日新聞　平成21年4月10日付］

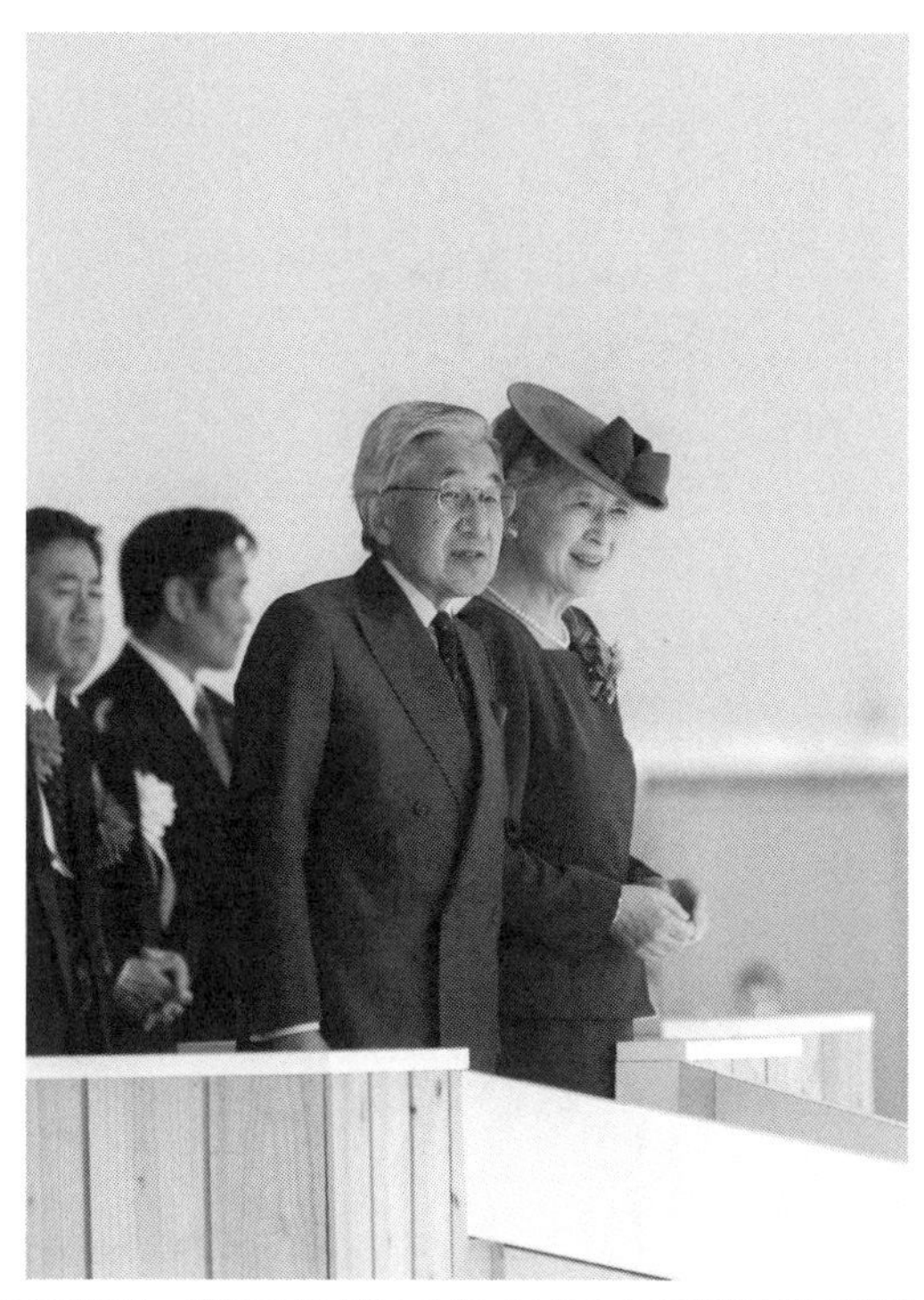

平成18年10月29日、第26回全国豊かな海づくり大会の放流会場の干潟で、ムツゴロウを釣るムツかけ漁の実演を見学する天皇陛下（現・上皇陛下）と美智子さま。

平成21年に結婚50周年を迎えられた際の言葉。

結婚された50年前は、不安と心細さでいっぱいだったが、いつも天皇陛下（現・上皇陛下）が支えてくださったという。

「陛下のお時代を共に生きることができたことを、心から嬉しく思うとともに、これまで私の成長を助け、見守り励ましてくださった、大勢の方たちに感謝を申し上げます」と感謝の気持ちを示された。

両親の言葉

私にとり
常に励ましであり指針でした

［平成26年　お誕生日に際し］

平成19年2月2日、御用邸近くの散策を終え、地元の人たちに手を振る天皇陛下（現・上皇陛下）と美智子さま。

右の言葉は、美智子さまが80歳をお迎えになった際に、ご両親を思って述べられた言葉。

嫁ぐ朝、母がくれた無言の抱擁と同じ日の朝「陛下と殿下の御心に添って生きるように」と諭してくれた父の言葉は美智子さまにとって励ましになっていた。「これからもそうあり続けることと思います」と述べられ、天皇陛下（現・上皇陛下）との日々にお心を寄せられた。

美智子さまの言葉 031

天皇陛下を支えて

陛下のご日常はとても難しいものがあるのよ

『皇后誕生　美智子さまから雅子さまへ』（令和元年、文藝春秋）

平成21年7月14日、アメリカ・ハワイのカピオラニ公園を訪れ、補修校の児童たちに歩み寄って笑顔で話しかける天皇陛下（現・上皇陛下）と美智子さま。

青山学院大学法科大学院客員教授の小池政行さんの取材の終わり際に天皇陛下（現・上皇陛下）を思って述べられた言葉。

「難しいもの」について伺うと憲法に定められた地位について述べられた後、「国の象徴、国民統合の象徴という在り方を、一人の生身の人間が担う。それは非常に難しいことです。大きい責任を背負って生きていらっしゃると言えるかもしれません」と話された。

032

いつまでもおそばに

ごく小さな祠のようなものでもいいので、陛下のおそばに作ってほしい

［朝日新聞　平成24年5月18日付］

令和2年11月24日、庭を散策しバラを見ている上皇陛下と美智子さま。（宮内庁提供）

平成24年、天皇家の葬送のあり方について話し合われていた。

天皇陛下（現・上皇陛下）が美智子さまに「合葬はどうか」と提案されると、美智子さまは合葬は恐れ多いとされたうえで、右のように答えられた。

このエピソードやお二人の話し合いをふまえて、宮内庁は葬儀を火葬とすることや陵の小規模化、合葬など葬儀の簡素化を検討すると発表した。

Column 2

日本の発展と子どもたちの将来を願って

昭和37年ごろ、皇太子殿下（現・上皇陛下）と美智子さまは、お二人のご成婚のお祝い金を「子どもたちのためになる施設に使ってほしい」と表明された。お二人は東京都が1000万人都市として拡大していくなかで、子どもたちのための環境が減少していることを気にかけられていたのだった。

昭和37年４月、「こどもの国」の起工式が行われた際には、お二人そろって現場を視察された。およそ３年後、昭和40年５月に開園式が開催された際、皇太子殿下は子どもたちが日本の美しい自然と人工の調和を重んじる感覚を身につけてほしいと述べられた。

昭和43年、美智子さまは浩宮さま（現･天皇陛下）と礼宮さま（現･秋篠宮殿下）とともに「こどもの国」を訪問されている。

昭和37年５月４日、宮崎市青島のこどもの国でバラ園を観察する皇太子殿下（現･上皇陛下）と美智子さま。この年、美智子さまは子どもたちが自由に遊べる自然を残したいと東京都に「こどもの国」の建設を提案された。

第3章

家族を思う

033

子育てへの期待

白い毛糸なら、男の子でも女の子でも使えるから

［昭和35年　ご懐妊後の言葉　松崎敏弥『皇太子・美智子さまのご教育法』（昭和58年、ＫＫロングセラーズ）］

昭和34年9月15日、美智子さまのご懐妊が発表された。美智子さまは、妊娠されていたころ、上の言葉を口にされ、白い毛糸で靴下を編まれていたという。

また、当時、皇太子妃教育が続いていたなかで、合間をみて『愛育』『母と子』などの育児雑誌や『スポック博士の育児書』を読まれていた。

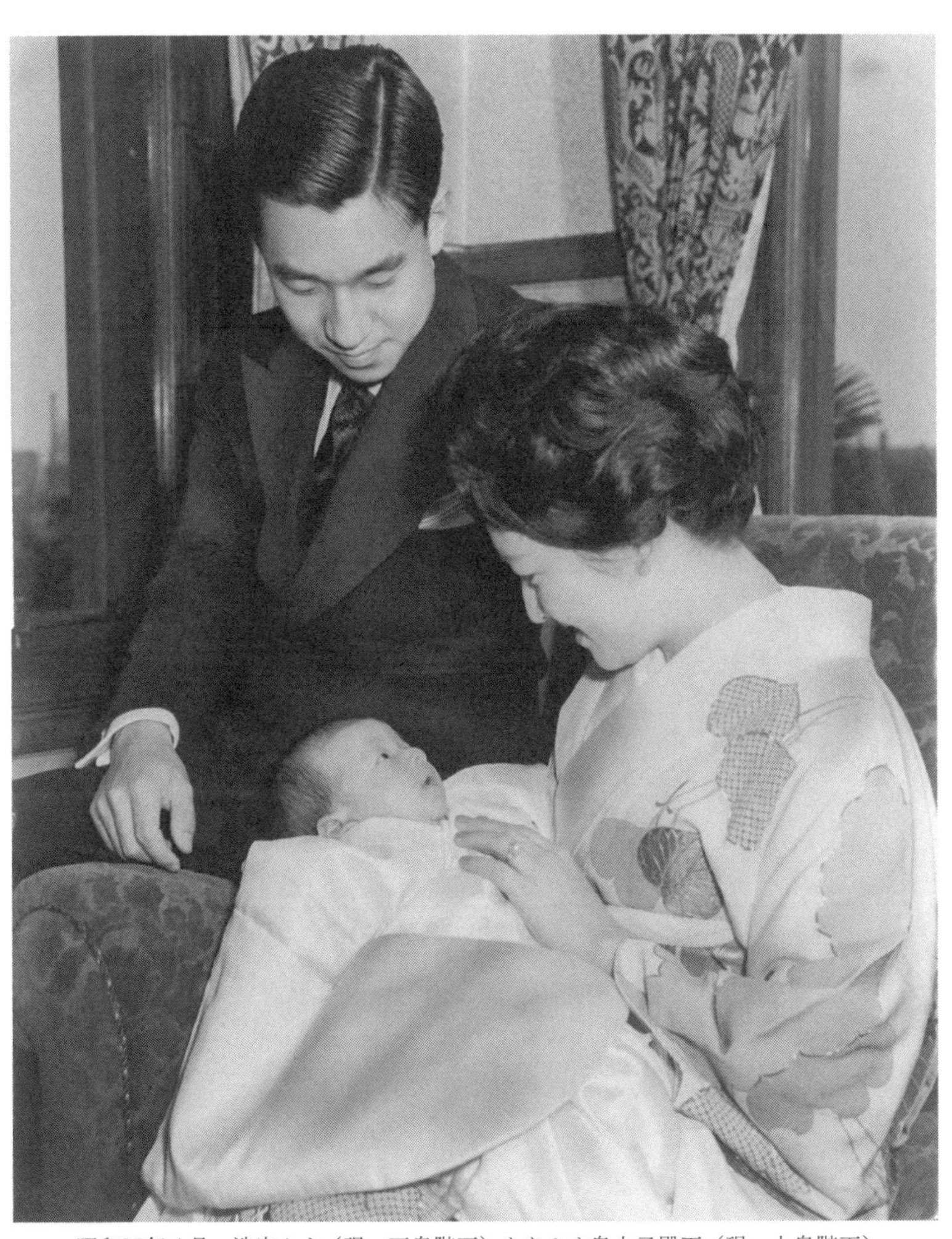

昭和35年4月、浩宮さま（現・天皇陛下）をあやす皇太子殿下（現・上皇陛下）と美智子さま。誕生50日目の昭和35年4月12日には皇居で「賢所皇霊殿神殿に謁するの儀」が行われた。（宮内庁提供）

034

自らの手で育てる

赤ちゃんは母乳で、
おむつの取り替えも産着の着せ替えも、
母親のすることは
すべて自分でやるつもりです

［昭和35年ごろ　ご懐妊後の言葉　河原敏明『美智子さまのおことば　愛の喜び・苦悩の日々』（平成3年、ネスコ）］

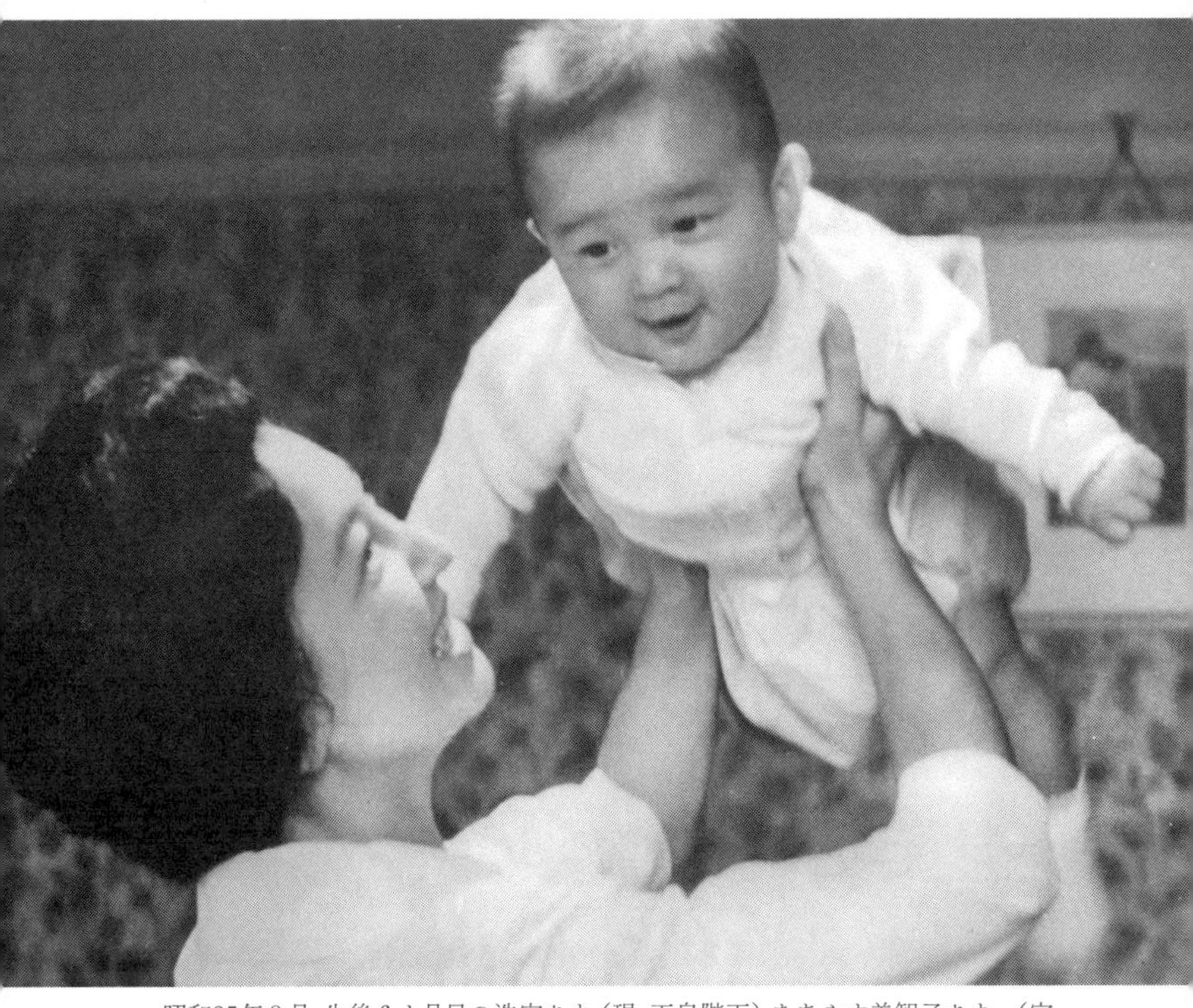

昭和35年８月､生後６カ月目の浩宮さま（現･天皇陛下）をあやす美智子さま。（宮内庁提供）

右の言葉は、美智子さまが懐妊されたころ、友人に話されたもの。

それまで宮中では子どもの世話など一般の母親がすることはすべて侍従が行っていたが、美智子さまは子どもたちをお思いになり「自分でやる」と述べられた。

これに伴い、宮中では朝夕、お乳をあげられるようにとご夫妻の寝室の隣に皇子室が設けられた。

細やかな愛情

理想的な母親だなどといわれると、穴にでも入りたい気持ちです

［昭和35年　浩宮さまご出産後の言葉　松崎敏弥『皇太子・美智子さまのご教育法』（昭和58年、ＫＫロングセラーズ）］

昭和36年５月、東宮御所の庭で浩宮さま（現・天皇陛下）と遊ぶ美智子さま。
浩宮さまが端午の節句を迎えるにあたって、撮影された。

浩宮さま（現・天皇陛下）を出産後、側近の者に話された言葉。

「何人ものお子さんを育てあげた世のお母さま方から見れば、初めての私は、あぶなっかしいことをやっているにちがいありません」ともお話しになった。

また美智子さまは、「日本国民、神からお預かりした宝です。自分の子ではいけないのです」とも述べられ、浩宮さまを細やかな愛情で育てられた。

美智子さまの言葉 036

厳しく育てる

ナルちゃんを人として
立派に育ててください。
ちゃんと叱ってくださいね

『AERA』 平成18年3月6日号

昭和37年10月、和やかなひとときを過ごす皇太子殿下（現・上皇陛下）、浩宮さま（現・天皇陛下）、美智子さま。

東宮侍従として皇太子殿下（現・上皇陛下）と美智子さまのもとで仕えていた浜尾実さんは、当時、3人の子どもの教育を担当されていた。右の言葉は、美智子さまが浜尾さんに向けたもの。浜尾さんによると、美智子さまは浩宮さま（現・天皇陛下）に対し、「出されたお食事は全部いただかなくてはなりません」と話され、お行儀が悪いと食堂の外の廊下に立たせることもあったという。

037

愛情ゆえの厳しさ

自分の投げたものは自分で拾いに行かせて

［昭和35年　「ナルちゃん憲法」の一文　朝日新聞　平成元年1月10日付］

「ナルちゃん憲法」に記されていたもののひとつだ。美智子さまはナルちゃん（現・天皇陛下）への教育に対し、「ナルちゃん憲法」を教育係に渡し、一貫した教育方針を示されていた。

また、小学生のころ、縄跳びができなかったナルちゃんに、縄跳びをマスターするまで特訓させたこともあったという。

昭和39年10月、御所の庭で浩宮さま（現・天皇陛下）のために本の読み聞かせをされる美智子さま。

038

侍従と一貫させた教育方針

できるだけ動作で遊んでしまわず、要求を口で言わせるようにしてください

［昭和35年「ナルちゃん憲法」の一文　松崎敏弥『皇太子・美智子さまのご教育法』（昭和58年、ＫＫロングセラーズ）］

昭和35年９月、訪米を前にした皇太子殿下（現・上皇陛下）、美智子さま、浩宮さま（現・天皇陛下）。

昭和35年、浩宮さま（現・天皇陛下）が生後11カ月ほどのころには、ご両親である皇太子殿下（現・上皇陛下）と美智子さまを「パパ」「ママ」と呼ぶようになっていた。

しかし浩宮さまは、身振りや手振りだけで物事を伝えてしまう時期があった。

そのため、美智子さまは浩宮さまが十分に言葉を習得できるよう、「ナルちゃん憲法」に右の言葉を記したのだった。

環境の大きな変化

一児の母ともなると、あまり太ってもいられません

［昭和35年　米国訪問に際し］

昭和35年９月、アイゼンハワー・アメリカ大統領の招きで、米国を親善旅行した皇太子殿下（現・上皇陛下）と美智子さま。

美智子さまが長男の浩宮さま（現・天皇陛下）を出産された後、ご結婚前と比べて、やせてしまわれたと心配する声があった。昭和35年の米国訪問前の記者会見では、記者から「最近やせておられますが」との質問があり、右のように回答された。

これを受けて、皇太子殿下（現・上皇陛下）も「米国の準備もいろいろあったし、どうしても太れません」とフォローされた。

040

留守の間を思う

風邪さえ引かなければと思います

［昭和39年　タイご訪問に際し］

昭和39年10月４日、学習院幼稚園の運動会で親子ダンスに出場した浩宮さま（現・天皇陛下）と美智子さま。

昭和39年12月14日から21日にかけて、皇太子殿下（現・上皇陛下）と美智子さまはタイを訪問された。

右の言葉はお二人が日本を離れている間の浩宮さまを思って述べられたもの。

美智子さまが、浩宮さまの通う幼稚園が新入園児のテスト期間で休みになることをお話しされると、ともに会見をしていた皇太子殿下は「休みでないほうが、気が紛れていいのですが……」とお話しされた。

041

心を育てる

クリスマスまで待ちましょうね

［浜尾実『美智子さま 心にひびく愛の言葉』（平成13年、青春出版社）］

昭和43年4月、九州視察に出発する皇太子殿下（現・上皇陛下）と美智子さまを見送る浩宮さま（現・天皇陛下）。

浩宮さま（現・天皇陛下）が「友達が持っているから野球のユニフォームが欲しい」と話されたことに対し、美智子さまは右のように返事をされた。

皇太子殿下（現・上皇陛下）も美智子さまも、お子さまにやたらとものを買い与えることは、絶対にされなかった。だからこそ、お子さまたちは、買ってもらえる日を心待ちにし、もらったものを大切にする人に育たれたという。

042

弦を放れた矢

親から見ると
子どもは弦を放れた矢のようで、
個人の人格を認めてあげたいので、
今から具体的に
将来はこうあってほしいとは
申し上げられません

［昭和48年　紀宮さま幼稚園入園時の言葉　浜尾実『美智子さま 心にひびく愛の言葉』（平成13年、青春出版社）］

昭和48年４月、学習院幼稚園に先駆けて入園を決めた柿の木坂幼稚園に向かう美智子さまと紀宮さま（現・黒田清子さん）。

昭和48年4月、紀宮さま（現・黒田清子さん）が、東京・目黒の私立柿の木坂幼稚園にお入りになったときの言葉だ。

紀宮さまを2年保育の学習院幼稚園に先駆けて、3年保育の幼稚園に入園させられた。入園前には脱いだものをきちんとたたむなどしつけられていた。

「母親としては女性らしく素直でやさしく育ってほしいと思います」と心遣いをもって話された。

子どもの姿から学ぶ

浩宮の人柄のなかに、わたくしでも習いたいような美しいものを見出しています

［昭和49年　お誕生日に際し］

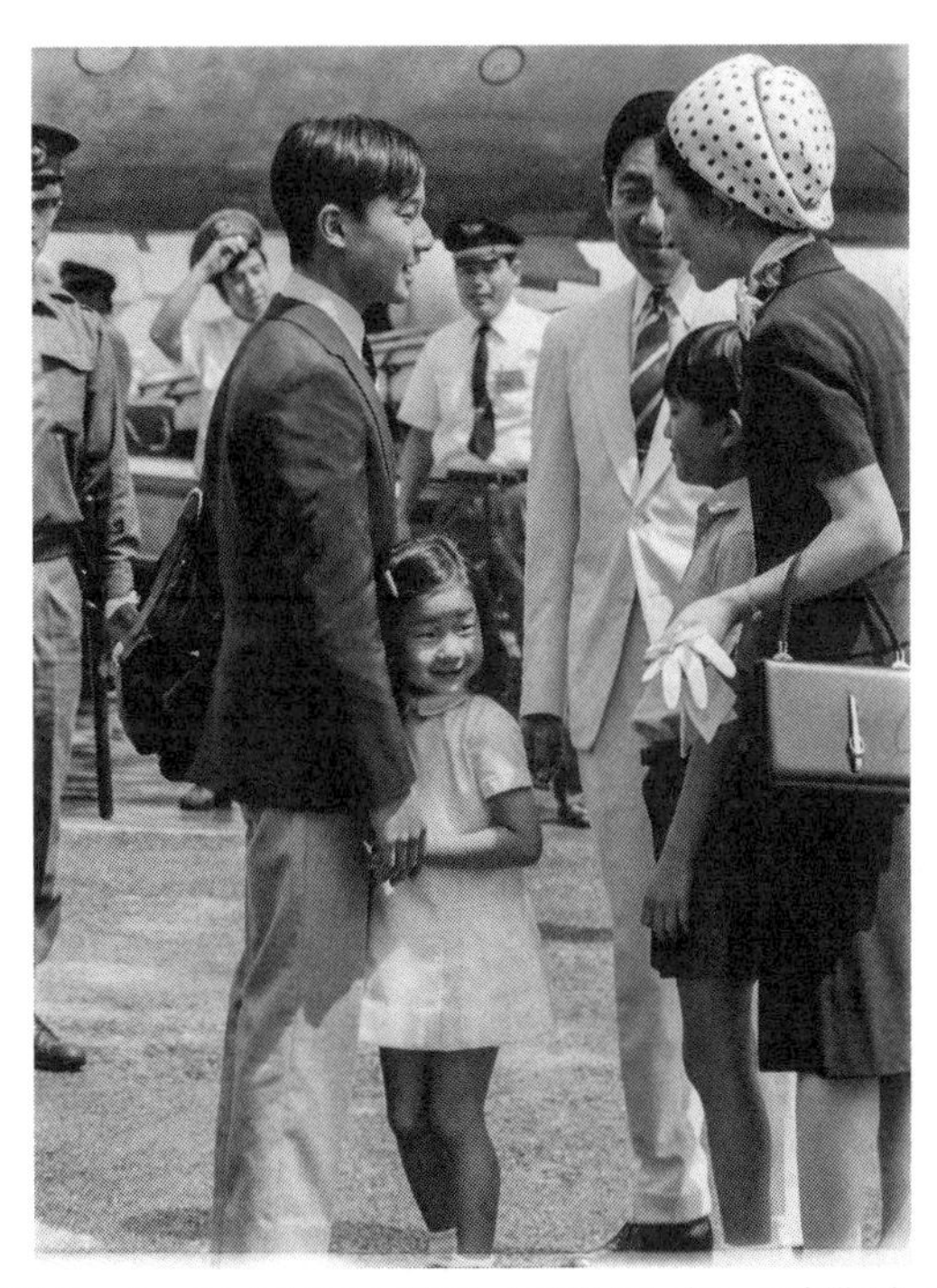

昭和49年8月、オーストラリアから帰国した浩宮さま（現・天皇陛下）を出迎えた皇太子殿下（現・上皇陛下）と美智子さま、礼宮さま（現・秋篠宮殿下）、紀宮さま（現・黒田清子さん）。

昭和49年のお誕生日の際に、同年夏にはじめて、海外旅行に行かれた浩宮さま（現・天皇陛下）について、右のように述べられた。

美智子さまは、「一般の家庭でも、そんな完全な自由はない。今回の旅行で自由というものの一端に触れ、それがわかったのではないでしょうか。自信というと言葉が強すぎるかもしれないが、自信を持ち、自分の立場がわかったと思います」と述べられた。

044

知らないところでも成長していく

子どもは
わたくしたち親だけでなく、
他人にも育てられるので、
自分の適性は子ども自身が
見つけていくものではないでしょうか

［昭和51年　お誕生日に際し］

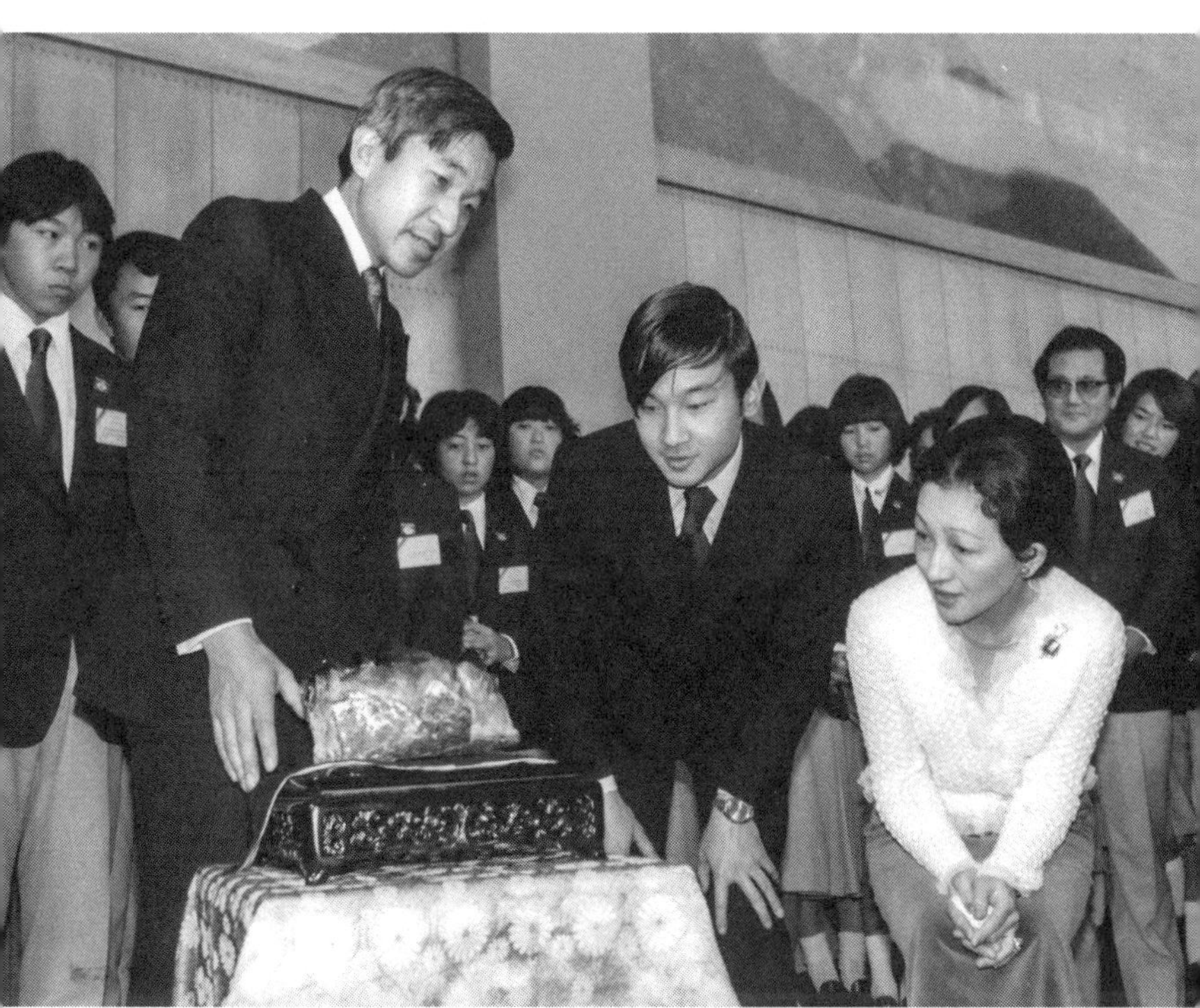
昭和55年１月、ブラジル・コチア青年二世研修団員が持参したアメジストの原石に見入る皇太子殿下（現・上皇陛下）、浩宮さま（現・天皇陛下）、美智子さま。

皇室内での子どもの養育についてお話しされた際の言葉。

この前段では、「他人にはわからぬ人格を子は秘めていると思います」と述べられた。

世の親は自分の子どものことを全部わかっていると思い込みがちだ。しかし、美智子さまは、子どもは親の知らない世界にも触れて、成長していくということを前向きに認められていた。

045

あたたかく見守る

成人になったら毎日こうですか

［昭和55年2月　ご家族での朝食の際に］

昭和55年2月23日、浩宮さま（現・天皇陛下）が成年をお迎えになるお誕生日に、美智子さまが述べた言葉。前夜、浩宮さまの枕元には5つもの目覚まし時計が置かれていた。

朝が弱いという浩宮さまは、この言葉に対して、「これも成年としての大きな責任です」と述べられ、ご一家は笑いに包まれた。

昭和55年3月、国賓として来日したパナマのロヨ大統領夫妻の歓迎式に臨んだ皇太子殿下（現・上皇陛下）、美智子さま、浩宮さま（現・天皇陛下）。

子どもに信頼を寄せる

人も自分も大切にして、善良に健やかに生きていってほしいと思います

［昭和55年　お誕生日に際し］

生活の中に喜びを

昭和55年10月、美智子さまは、46歳のお誕生日を迎えられた。

右の言葉は、お誕生日の記者会見で、記者から「お子さまたちに何か注文はあるか」と聞かれ、お話しされたものだ。

前段では、「やはり自分の中にあるものをのびのびと活かして、そして自分の生活の中に喜びを見出して生きていってほしい」と述べられている。

子どもに信頼を寄せる

また、美智子さまは当時大学3年生だった浩宮さま（現・天皇陛下）が「大学院に行くかどうか」という記者の質問に対し、「それは本当に浩宮が決めることだと思います」と述べられたうえで、「これからが一番学問する時期だと思いますし、その間に自分がどうしても大学院の生活を希望すれば、またきっと東宮様にもご相談を申し上げることだと思います」と述べられた。

子どもたちの笑い声に安心いたします

［昭和57年　お誕生日に際し］

昭和57年12月、庭でミカン狩りをする紀宮さま（現・黒田清子さん）と見守る美智子さま、礼宮さま（現・秋篠宮殿下）、浩宮さま（現・天皇陛下）、皇太子殿下（現・上皇陛下）。

右の言葉は、昭和57年のお誕生日の際に述べられたものだ。美智子さまはこの言葉に続けて、「2人、3人と一緒になって笑っているのを聞くと、何かとても安心して、私も楽しくなります」と語られた。

その2年前、皇太子殿下（現・上皇陛下）は記者会見をされた際に、兄弟仲はよいが、ときにはテレビのチャンネル争いもあるなど、普通の家庭とあまり変わらない一面も語られた。

美智子さまの言葉 048

粋な計らい

あの二人は別に席を用意してください

［昭和60年　葉山のレストランにて　河原敏明『美智子さまと皇族たち』（平成4年、講談社）］

紀子さまをお迎えに

昭和60年12月28日、礼宮さま（現・秋篠宮殿下）は皇太子殿下（現・上皇陛下）と美智子さまとともに葉山御用邸を訪れていた。偶然にも近くのホテルに川嶋家が滞在していることを知った礼宮さまは、川嶋紀子さん（現・紀子さま）に連絡をし、自ら車を運転して、紀子さまを訪ねられた。

二人だけの食事

お二人は三浦海岸をドライブし、海辺を散歩された。ちょうどそのとき、両陛下が近くを散歩されていた。しばらくして、お二人と両陛下は合流し、4人で昼食を取ることになった。そこでレストラン側に、美智子さまが右のように伝えられたのだった。

礼宮さまと紀子さまは、美智子さまのご配慮で二人だけの食事の時間を持つことができた。その後、急速に仲良くなったお二人は、テニスをしたり、礼宮さまの運転でドライブに出かけたりされたという。

日本の少女らしく

新しい経験を通じ、少しずつ成年皇族として育っていく姿を嬉しく見て参りました

［昭和61年　お誕生日に際し］

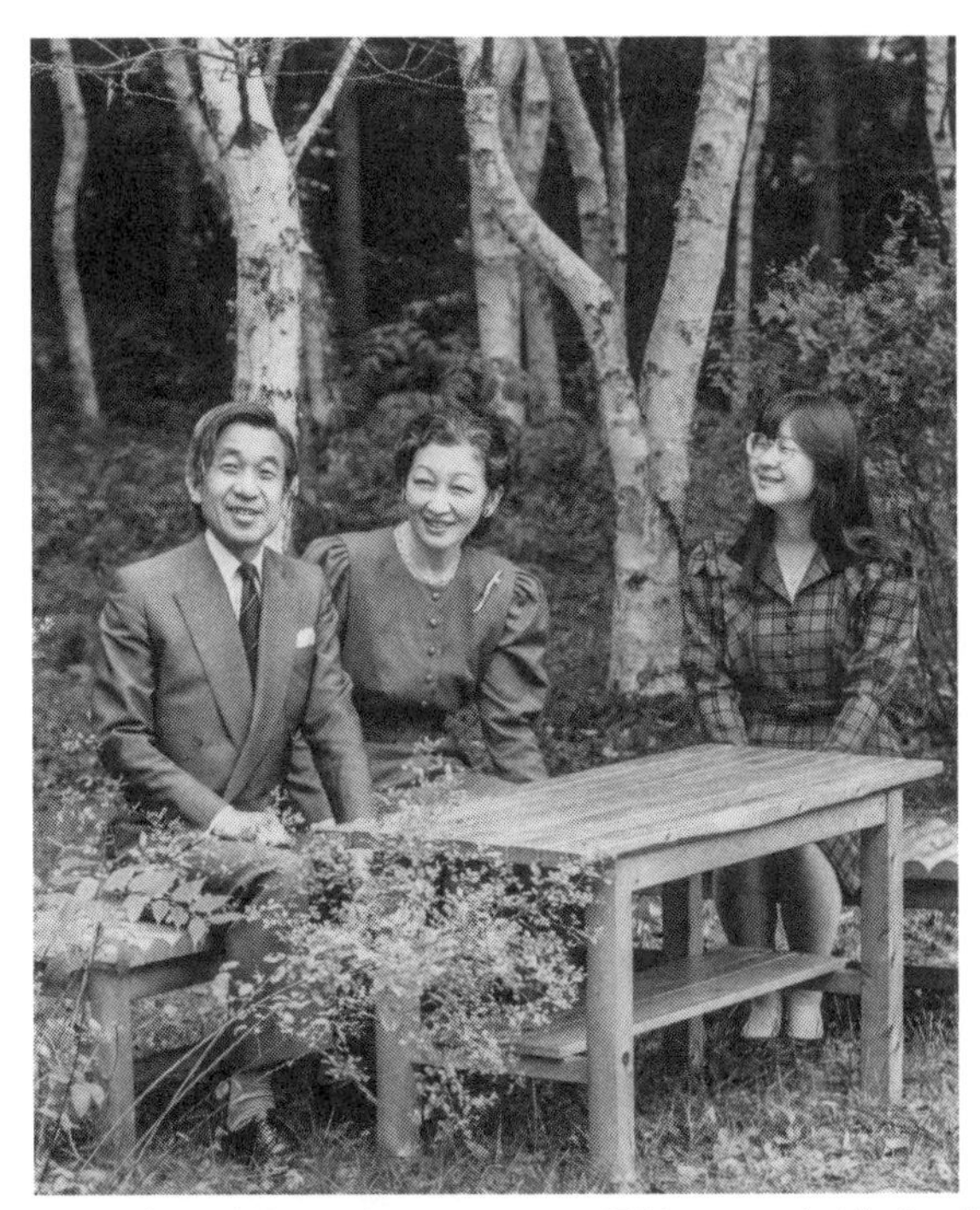

昭和61年、52歳のお誕生日を迎えるにあたって撮影された。東宮御所の庭で皇太子殿下（現・上皇陛下）、美智子さま、紀宮さま（現・黒田清子さん）が歓談されている。（宮内庁提供）

昭和61年のお誕生日に礼宮さま（現・秋篠宮殿下）は成年に達せられた。右の言葉で礼宮さまが成年となられ、公的な行事に出席されるようになったことへの喜びを言葉にされている。

また、同年高校を卒業される紀宮さま（現・黒田清子さん）について「日本の少女らしく健康で感受性豊かに育っていく過程を、応援しながら見守っていきたいと思います」と述べられ、ご成長を期待されていた。

050

子どもたちの成長を見守る

眞子ちゃんは紅葉山で見た色々の道具を覚えているかしら

［平成15年ごろ　美智子さまが眞子さま（現・小室眞子さん）に送ったお蚕さんの手紙の一文］

平成17年9月、地元の人の案内で草をはむ子牛を見る天皇陛下（現・上皇陛下）、美智子さま、秋篠宮殿下、紀宮さま（現・黒田清子さん）、眞子さま（現・小室眞子さん）。

平成13年、当時学習院初等科の3年生だった眞子さま（現・小室眞子さん）が学校で高齢者が行っていた手仕事について調べる宿題を出されており、それに答えるため、美智子さまが手紙でお答えになられた。

「おととし、眞子ちゃんは、このまゆかきの仕事をずいぶん長い時間てつだって下さり、ばぁばは眞子ちゃんはたいそうはたらき者だと思いました」と思い出を振り返られていた。

051

愛娘への思い

その日の朝、心に浮かぶことを
清子に告げたいと思いますが、
私の母がそうであったように、
私も何も言えないかもしれません

［平成17年　お誕生日に際し］

内苑門付近で桜を観賞しながら談笑する天皇陛下（現・上皇陛下）、美智子さま、紀宮さま（現・黒田清子さん）。（宮内庁提供）

平成17年、紀宮さま（現・黒田清子さん）の結婚が発表された。

美智子さまは嫁いでいく娘への思いを、右のように文書で回答された。

紀宮さまがこれまで過ごしてきた日々を振り返り、親代わりまたは、若い姉のようにして、紀宮さまを支えてくれた御用掛などに、感謝の気持ちを伝えられた。

またこれまでを振り返られつつも「贈る言葉」は考えていないとのことだった。

052

愛孫の成長

この頃愛子と一緒にいて、
もしかしたら愛子と私は
物事や事柄のおかしさの感じ方が
割合と似ているのかもしれない
と思うことがあります

［平成20年　お誕生日に際し］

平成19年の新年を迎える天皇ご一家。

平成20年、美智子さまが74歳をお迎えになった際に、4人の孫について記者から質問され、右のように答えられた。

美智子さまはこの後「周囲の人の一寸した言葉の表現や、話している語の響きなど、『これは面白がっているな』と思ってそっと見ると、あちらも笑いを含んだ眼をこちらに向けていて、そのような時、とても幸せな気持ちになります」と言葉を続けられた。

053

心温まるひととき

御用邸に戻った後、
高揚した様子で
常にも増して活々と動いたり、
声を出したりしており、
その様子が可愛かったことを
思い出します

［朝日新聞　平成20年11月7日付］

平成20年９月、和舟に乗る天皇陛下（現・上皇陛下）、美智子さま、紀子さま、悠仁さま。

平成20年9月、美智子さまは、天皇陛下（現・上皇陛下）と葉山御用邸で静養され、5日間ほど秋篠宮家とともに過ごされた。

美智子さまと悠仁さまは、葉山の海で天皇陛下（現・上皇陛下）の漕ぐ二挺艪の和舟に乗られた。悠仁さまは、和舟を出す際の掛け声や海上での揺れに大いに興奮された。美智子さまは同年のお誕生日、この思い出を右のように語られた。

かけがえのない時間

時に両親に代わって
悠仁の面倒をみるなど、
数々の役目を
一生懸命に果たして来ました

［平成26年　お誕生日に際し］

平成27年1月、「歌会始の儀」に出席する美智子さま、紀子さま、佳子さま。

平成26年のお誕生日に際しての言葉。この年、成年となられた佳子さまは公的な活動を始め、さまざまな新しい経験を積まれた。

美智子さまは、3年前のお誕生日の際には「それぞれに個性は違いますが、私にとり皆可愛く大切な孫たちです。会いに来てくれるのが楽しみで、一緒に過ごせる時間を、これからも大切にしていくつもりです」と述べられ、孫と過ごす時間を楽しみにされていた。

Column 3

気がつくまで
黙ってあたたかく見守る

浩宮さま（現・天皇陛下）は学習院初等科の低学年のころ、あまりよい成績ではなかったという。美智子さまは、「ナルちゃんの通信簿は、あんまり人にお話しするほどではないの。まだ、学科に対して興味がわくところまではいってないのね」と話されていた。

美智子さまご自身も、小学生のころにはあまり勉強をしていない時期があったそうだ。しかし、美智子さまのご両親は何もいわず、自分からその気になるのを見守っていた。

美智子さまは、そんな浩宮さまに決して苛立ったりせず、ご両親にしてもらったように、自分で気がついて勉強しようという気になるまで、黙ってあたたかく見守られていた。その後、浩宮さまは歴史学に興味を持つようになっていった。

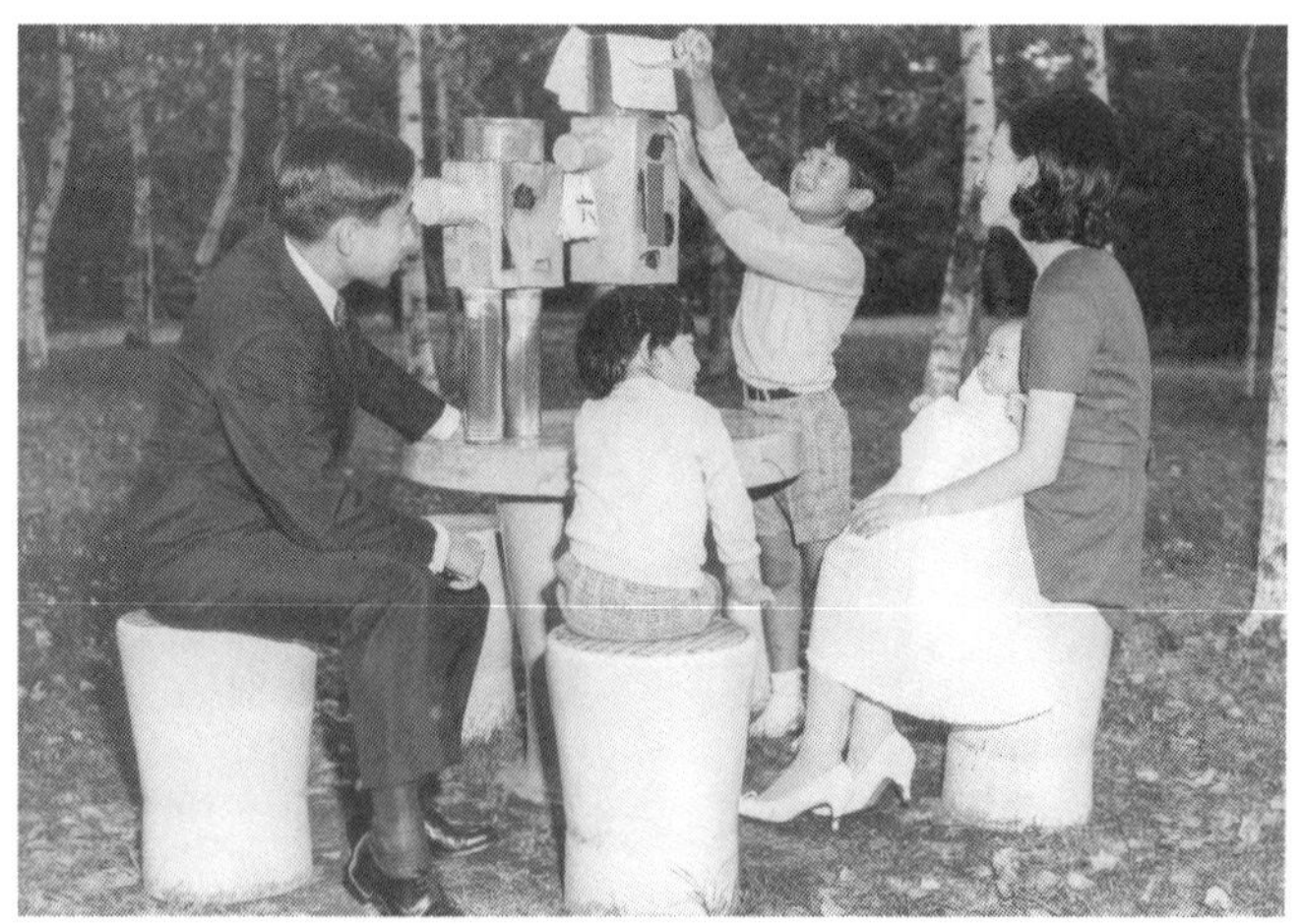

昭和44年９月17日、紀宮さま（現・黒田清子さん）誕生54日目の「おはし初めの式」を迎えて撮影された。浩宮さま（現・天皇陛下）は、自作のロボットを披露している。

第4章

強くしなやかな生き方

美智子さまの言葉 055

あたたかいまなざしで

バラの花って、日の当たっているところもきれいだけど日の当たらない影のところもきれいなのね

［昭和21年ごろ　友人との会話　『女性自身』昭和40年7月19日号］

昭和27年ごろ、自宅で母親の富美子さんと一緒に写真を撮る正田美智子さん。（正田家提供）

小学校6年生のころ、庭のバラを見ながら、「バラってシンフォニーみたいね」と述べられたという。友人が理由を聞くと、右のように話されたのだった。

皇太子殿下（現・上皇陛下）と結婚されるとき、友人はこの言葉を思い出し、「日の当たる人々、日の当たらない人々、その両方に、いつまでもあたたかい目を注いでいきたい」と願う美智子さまは、妃にふさわしい方と感じたという。

056

信念を貫く

カソリックの教えはよくわかります。だけどやはり自分の内心に忠実でありたい

［河原敏明『美智子さまのおことば　愛の喜び・苦悩の日々』（平成3年、ネスコ）］

美智子さまがご卒業された聖心女子学院は、カトリック系の学校だった。そのため、何度か入信を進められていた。しかし、この言葉のように、ご自身の信念から入信されなかった。

結婚を決める皇室会議で宗教について話が出たときには、当時の宮内庁長官が「美智子嬢は洗礼を受けていません」と述べたという。

昭和32年3月1日、聖心女子大学卒業を前に和服で晩さん会に出かける正田美智子さん。（正田家提供）

057

善意を信じて

恵まれた環境に育てられ、私は人の善意を信じてきました

［毎日新聞　昭和33年11月27日付］

昭和34年4月10日、「結婚の儀」を前に家族にあいさつする美智子さま。

昭和33年11月、皇太子妃決定後の記者会見での言葉。この言葉に続いて「苦しかったけれども、いっぺんも泣いたことはありません。もっとギリギリな、切迫した気持ちでした」とお話しされた。

皇太子殿下（現・上皇陛下）との結婚について、涙を流す暇もないほど、お悩みになったそうだが、根本では普通の結婚と少しも変わらないものと考えられていた。

058

胸中を記す

憎しみに囲まれて
何かをしようとしても、
くずれる砂山を
足場にするように、
何一つ実るものはございませんでしょう

［結婚後に美智子さまがつづったノートの一部］

昭和34年4月10日、結婚の儀を終え、馬車で東宮仮御所へ向かう皇太子殿下（現・上皇陛下）と美智子さま。

民間から皇室に入られた美智子さま。「ミッチーブーム」を起こすなど、日本中が熱狂し、祝福ムードになった。しかし、伝統の壁や心ない批判にさらされてしまうことも多かった。

右の言葉は、当時、美智子さまがその胸中をノートに記した言葉のひとつだ。「これは、どんな『家』をとってみても、『職場』、『社会』をとってみても言えることではないかと思います」ともつづられていた。

059

新しい風

わたくしも和服が好きですし、向こうの方も和服を希望しておいでになるそうです

［昭和35年　米国訪問に際し］

昭和35年、訪米前の記者会見で述べられた言葉。「日本を長いこと離れている人は、きっと和服を懐かしいとお思いでしょうから、和服を多く着るようにしました」と続けられた。

昭和42年に南米をご訪問された際は、日系の人々の要望もあり、各地で一度は和服を着るようにしたと述べられている。

昭和35年 9 月20日、訪米を前に記者会見する皇太子殿下（現・上皇陛下）と美智子さま。

060

互いに認め励ます

だれもが弱い自分というものを
恥ずかしく思いながら、
それでも絶望しないで生きている

［昭和55年　お誕生日に際し］

昭和55年10月７日、秋の園遊会で、招待客と歓談する美智子さま。

昭和55年のお誕生日の記者会見で、人に接するときに念頭に置いていることを聞かれ答えられたものだ。

前段では、人は他人が理解したり、手助けしたりできない部分を芯に持って生活しているのだと語られた。また、後段では、「そうした姿をお互いに認め合いながら、なつかしみ合い、励まし合っていくことができればと、そのように考えて人とお会いしています」と言葉を続けられた。

061

軽井沢への思い

汽車で軽井沢の近くまできて
離山とか浅間山とか見えてくると、
懐かしさとうれしさで
いっぱいになります

［昭和55年8月　夏の定例会見］

昭和55年6月19日、明治神宮を参拝された美智子さまと紀宮さま（現・黒田清子さん）。ご参拝後、菖蒲田でハナショウブをご覧になられた。

昭和55年の夏の定例会見で幼少期から訪れていた軽井沢への思いについて述べられた言葉。

軽井沢での思い出を聞かれると、毎年夏にお母さまから草花や野鳥など、自然について教えてもらうのが楽しみだったと話された。

「テニスのポーン、ポーンという音が聞こえてくるようで、夏休みの勉強とか卒業論文とかがはかどらないで困りました」とテニスの思い出も話された。

062

毎朝の散歩

一緒に歩いてくれた人たちが、年末になると歩いた距離を日本地図の上に分かりやすくおいて見せてくれるのが楽しみ

［昭和59年　お誕生日に際し］

毎朝せっせと歩く

昭和59年、美智子さまは50歳の誕生日を迎えられた。皇太子殿下（現・上皇陛下）とともに過密スケジュールの公務を元気にこなされていた美智子さまは、健康の秘訣は「テニスと歩くこと」とお話しされていた。

その際の歩くモチベーションについて、美智子さまは右のように話された。同年はご旅行が多く、あまり距離が伸びなかったと振り返られたが、「これからも、せっせと歩きます」と言葉を続けられた。

1日30分ほど歩く

日々のご散策でどれくらい歩いているかを聞かれると、「時間で（１日）30分くらいですから、２キロちょっとぐらいになるでしょうか」と述べられた。

年間のご散策の距離を日本地図に示したとき、東京から西のほうへ行くとすると、広島県や山口県まで進まれるほどの距離になっていたという。

相手をもてなす

あまり前もって自分で
枠を考えてしまわないで、
相手の方の会話の流れのなかで
お話しさせていただくように
しています

［昭和59年　お誕生日に際し］

昭和59年9月28日、帝国ホテルで行われた「アフリカ月間」の開幕レセプションで、出席者とあいさつをかわす皇太子殿下（現・上皇陛下）と美智子さま。

国賓を迎えられたときに心がけられていることや、どんなことを話されているかという質問へのご回答。「どの方も天皇陛下のお客様でございますから、失礼のないよう用心して当たっております」とも語られた。

昭和59年の1年間で、ブルネイ国王と王族、デンマークのヘンリック王配殿下、ブラジル大統領夫妻、韓国大統領夫妻など、世界中から多くの外国賓客が皇居に招かれている。

献身と使命感

自分の病気が国のための殿下の務めの妨げになっては

［朝日新聞　平成16年10月20日付］

昭和61年11月８日、愛知県植木センターを視察し、説明を聞く皇太子殿下（現・上皇陛下）と美智子さま。

昭和61年、子宮筋腫の手術を受けられた。

手術が行われるころには米国訪問と、韓国訪問が予定されていた。しかし、訪米は翌年に延期、訪韓は残念ながら中止せざるを得ない状況となってしまった。

ぎりぎりまで訪問延期に難色を示していた美智子さまのこの言葉からは、公務に対する強い責任感や皇太子殿下（現・上皇陛下）への献身と、皇太子妃としての使命感が表れている。

どのような批判も、自分を省みるよすがとして耳を傾けねばと思います

［朝日新聞　平成16年10月20日付］

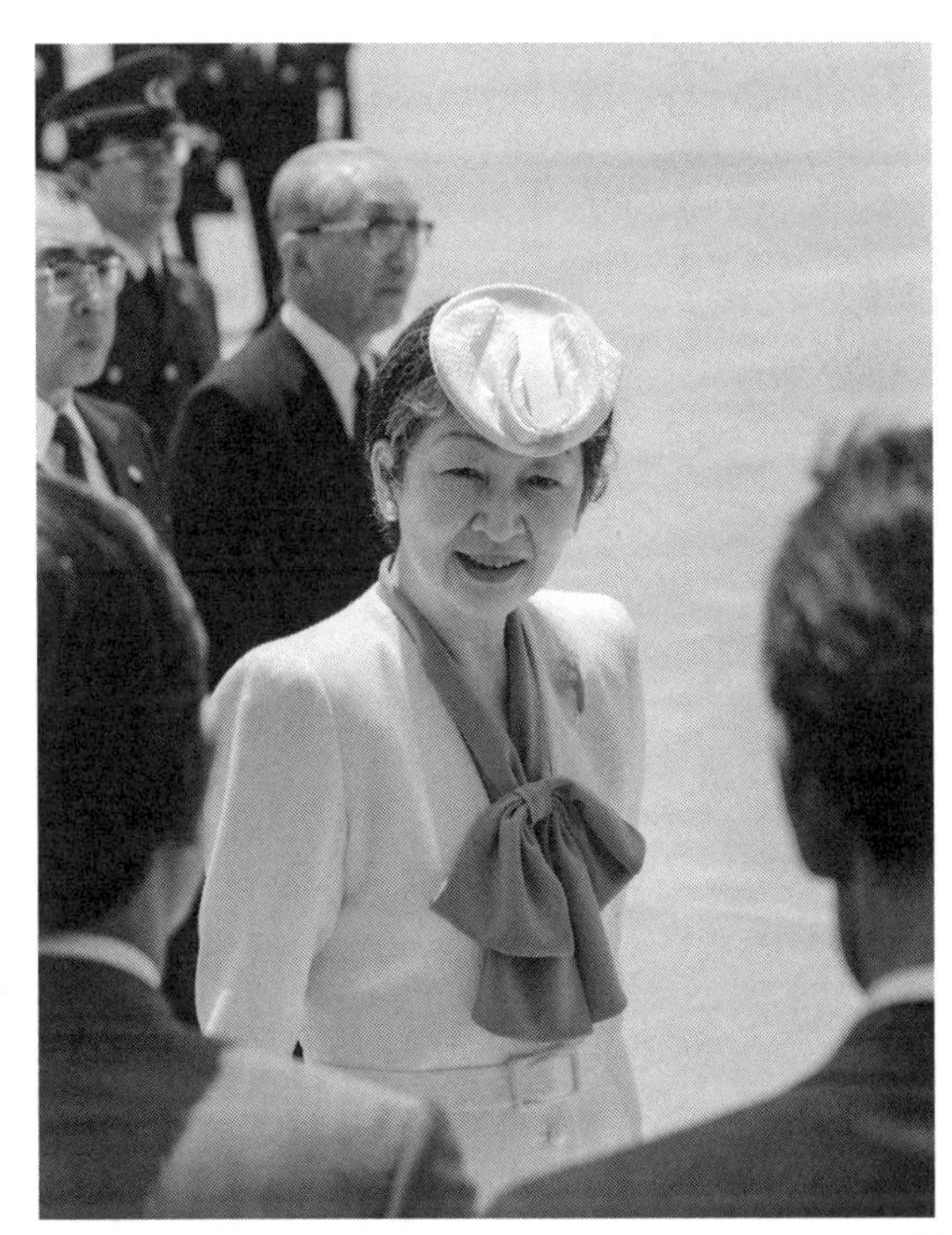

平成５年４月23日、那覇空港に到着し、出迎えの関係者に会釈で応える美智子さま。

平成5年、59歳の誕生日をお迎えになるころ、心因性の失声症を患われた。その原因は、積み重なったストレスによるものだった。

右の言葉は、誕生日に際した記者会の質問に文書回答したものの一部である。

このほかに美智子さまは、「批判の許されない社会であってはなりませんが、事実に基づかない批判が、繰り返し許される社会であってほしくはありません」と思いをつづられている。

066

道を選ぶ

人が歩んできた道と
まだ歩んだことがない道、
私はどちらの道を選ぶかと言えば、
絶対に『Road not taken』
だと思うのです

〔『皇后誕生　美智子さまから雅子さまへ』（令和元年、文藝春秋）〕

道なき道を行く

平成7年の「文化の日御兼題」で、美智子さまは次のお歌を詠まれた。

かの時に我がとらざりし分去れの片への道はいづこ行きけむ

当時、取材をした青山学院大学法科大学院客員教授の小池政行さんは、取材の際に、このお歌について聞くと右のように話され、「人が歩んでいない道、そこを歩んで行くことにこそ価値があり、とても大切だと思うのです」、そして「小池さん、サバイブすることが大切よ」と言葉を続けられたという。

生き続けることに意義がある

美智子さまは、学生時代に何度も読み返したという島崎藤村の『春』に触れながら、「生き続けること、こんな自分でも存在していること、そのこと自体にとても大きな意義があると思います。『春』という作品には『このような自分でも、存在する意味がある』というメッセージが込められていると思います」とも語られた。

067

感銘を与える

生まれて以来、人は自分と周囲の間に、一つひとつ橋をかけ、人とも、ものともつながりを深め、それを自分の世界として生きています

『橋をかける　子供時代の読書の思い出』（平成10年、すえもりブックス）

平成10年６月３日、デンマークの宮殿を訪れた際の美智子さま。日本側による答礼晩さん会が行われ、出席者を出迎えられている。

平成10年、美智子さまのビデオ講演をもとにした書籍『橋をかける　子供時代の読書の思い出』が発売された。

右の言葉は、その本のなかで述べられているものだ。

この後、美智子さまは「この橋は外に向かうだけでなく、内にも向かい、自分と自分自身との間にも絶えずかけ続けられ、本当の自分を発見し、自己の確立を促していくように思います」と言葉を続けられている。

068

老いをポジティブに

加齢によるものらしい現象もよくあり、自分でもおかしがったり、少し心細がったりしています

［平成22年　お誕生日に際し］

平成22年のお誕生日に宮内記者会から健康状態について質問を受けた際の言葉。「この数年仕事をするのがとてものろくなり、また、探し物がなかなか見つからなかったり」ともお話しされていた。「老い」について、美智子さまがおかしがってお話しされたことは、多くの高齢者にとって大きな力になっただろう。

平成22年1月23日、小児ガン征圧キャンペーン・チャリティーコンサート「生きる・2010若い命を支えるコンサート」を訪れ、手を振られる美智子さま。

伝統を継承する

私たちは藤原氏であってはならない

［朝日新聞　平成23年12月30日付］

平成23年４月11日、オーストラリアのギラード首相（当時）を出迎える天皇陛下（現・上皇陛下）と美智子さま。

平成23年12月、現職宮内庁職員や皇室ジャーナリストで座談会を開いた際、現職宮内庁職員が美智子さまの言葉として挙げたものだ。

これには、外部から来た人間が皇室に変化を与えることがあってはならないという意味が込められていた。

当時、皇室において具体的な役割を模索されていた皇太子妃・雅子さま（現・皇后陛下）を思った言葉だったといわれている。

Column 4

皇族として、妻として計り知れない信念と愛情

昭和61年、美智子さまは子宮筋腫であることが発表された。発表の翌日に行われたパーティで、居合わせた人々がお体を心配して声をかけると「ありがとう、本当に平気よ」と答えられた。

平成６年、失語症を克服された際には、「もう大丈夫、ピュリファイ（浄化）されました」と述べられた。「自分の病気が国のための殿下の務めの妨げになっては」とお話しされ、皇太子妃として、皇后として、強い信念をもって務めあげてこられた。

平成14年、天皇陛下（現・上皇陛下）が心臓の手術を受けられた際には、手術室の直前まで天皇陛下に付き添われ、入院中は病院に泊まり込み、徹夜で看護された。「驚異の回復力」といわれたほどの術後の経過には、美智子さまの献身的な看病と愛情があった。

昭和62年６月５日、子宮筋腫の１年３カ月後に家族旅行で日光に滞在された皇太子殿下（現・上皇陛下）と美智子さま。皇太子殿下が学童疎開の際に住まれていた旧田母沢御用邸跡（現・日光田母沢御用邸記念公園）を42年ぶりに訪問された。

第5章

愛する本と音楽へ

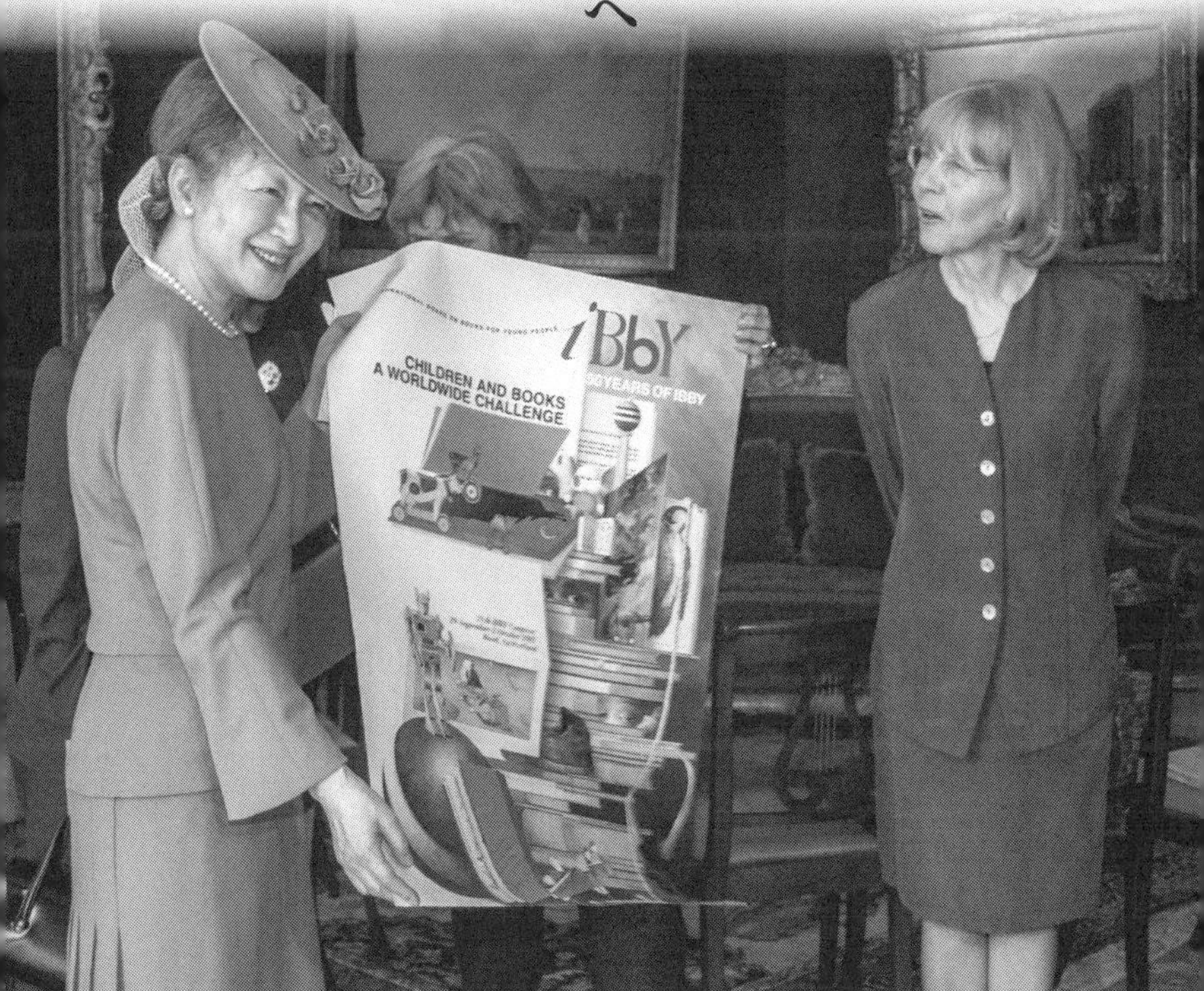

オトギバナシから学ぶ

児童文学なら、
結婚して子供ができてからも
言訳は立つし、
女が一生やってもいい仕事だと
思ったのです

［毎日新聞　昭和33年11月27日付］

昭和33年9月15日にロンドンに着いた美智子さま。

昭和33年、美智子さまが皇太子妃に決定された際にお話しされた言葉。

この言葉の前段で、「あれをはじめたのは、何か自分の勉強を続けたいと思ったからです」と述べられている。ここでいう「あれ」とは聖心女子大学卒業後に始めたイギリスの児童文学の研究のことだ。

皇后になられてからはIBBY（国際児童図書評議会）の名誉総裁を務められるなど精力的に活動された。

過去とともに生きる

私にとって
大変に魅力的に思われるものを
手掛かりとして、
その国に
入っていくようにしています

［昭和55年　お誕生日に際し］

魅力を見つけて国を見る

昭和55年のお誕生日をお迎えになるときに行われた記者会見で、諸外国への親善訪問について聞かれたときの言葉。

平成14年に行われたＩＢＢＹ（国際児童図書評議会）の創立50周年記念大会でも、「私が他国を知ろうとするとき、まずその国に伝わる神話や伝説、民話等に関心を持つという、楽しい他国理解への道を作りました」と述べられている。

神話や伝説の本から日本を知る

美智子さまは、ご自身のことを振り返られ、「日本の神話や伝説の本は、非常にぼんやりとではありましたが、私に自分が民族の歴史の先端で過去と共に生きている感覚を与え、私に自分の帰属するところを自覚させました」とも語られた。

戦時中、ほとんど本を持つことができなかったが、神話や伝説の本は、必ずというほど手にしていたという。

わたし
かもしかがずっと
みていてくれると
おもってのぼったのよ

〔『はじめての やまのぼり』（平成3年、至光社）〕

昭和51年10月、愛犬とともに、御所の庭でくつろぐ紀宮さま（現・黒田清子さん）と美智子さま。（宮内庁提供）

平成3年に刊行された絵本の『はじめてのやまのぼり』は、美智子さまのはじめての著書である。紀宮さま（現・黒田清子さん）が6歳のころ、お二人で山登りをされた思い出をつづられた絵本だ。右の言葉は、同書に登場する言葉。

同書の表紙見返しで、「人のあり方や行為が時として、外からは図ることのできない思いに支えられていることを知り、驚くことがあります」と記されている。

073

本から受けた多くの恩恵

子供達が、
喜びと想像の強い翼を持つために
子供達が、
痛みを伴う愛を知るために

［平成10年　第26回IBBYニューデリー大会基調講演］

平成10年６月30日、ＩＢＢＹ朝日国際児童図書普及賞記念シンポジウムの参加者とあいさつを交わす美智子さま。

右の言葉は、平成10年に行われた第26回ＩＢＢＹニューデリー大会基調講演でお話しされたものだ。

ＩＢＢＹ（国際児童図書評議会）は、世界中の子どもと本をネットワークで結ぶ国際的な組織で、世界中の子どもへの読書活動支援や本の調査・研究などを行っている。

このＩＢＢＹが創立50周年を迎えた平成14年から、美智子さまが名誉総裁を務められた。

074

本が教えてくれたこと

読書は、人生の全てが、決して単純でないことを教えてくれました

［平成10年　第26回IBBYニューデリー大会基調講演］

平成12年５月22日、オランダ、スウェーデン訪問の途中、スイスに立ち寄り、IBBY（国際児童図書評議会）の創立50周年の関連会合に出席された美智子さま。

平成10年のＩＢＢＹ（国際児童図書評議会）でお話しされたものである。

美智子さまは、本を通じて、人生の悲しみを知り、喜びを見出せたことで、自分の人生に厚みを加えてくれたと考えられている。

前段では、「悲しみに耐える心が養われると共に、喜びを敏感に感じとる心、又、喜びに向かって伸びようとする心が養われることが大切だと思います」と述べられている。

075

父がくれた本

数冊の本と、本を私に手渡してくれた
父の愛情のおかげで、
私もまた、世界の屋根の上にぷっかりと浮き、
楽しく本を読む
あのＩＢＢＹのポスターの
少年の分身でいられたのです

［朝日新聞　平成11年6月19日付］

昭和25年ごろの正田美智子さん。（正田家提供）

美智子さまが父・英三郎さんについて振り返り、お話しされた際の言葉。

この言葉に続いて「これらの本は国境による区別なく、人々の生きる姿そのものを私にかいま見させ、自分とは異なる環境下にある人々に対する想像を引き起こしてくれました」と述べられた。これらの本とは、世界名作選などのことで、戦時中の疎開時代に英三郎さんが東京から持ってきてくれていたという。

076

大きな可能性を見出す

子供たちが、心の支えになるような絵本に巡り合ってほしい

［平成14年　IBBY創立50周年記念大会での挨拶］

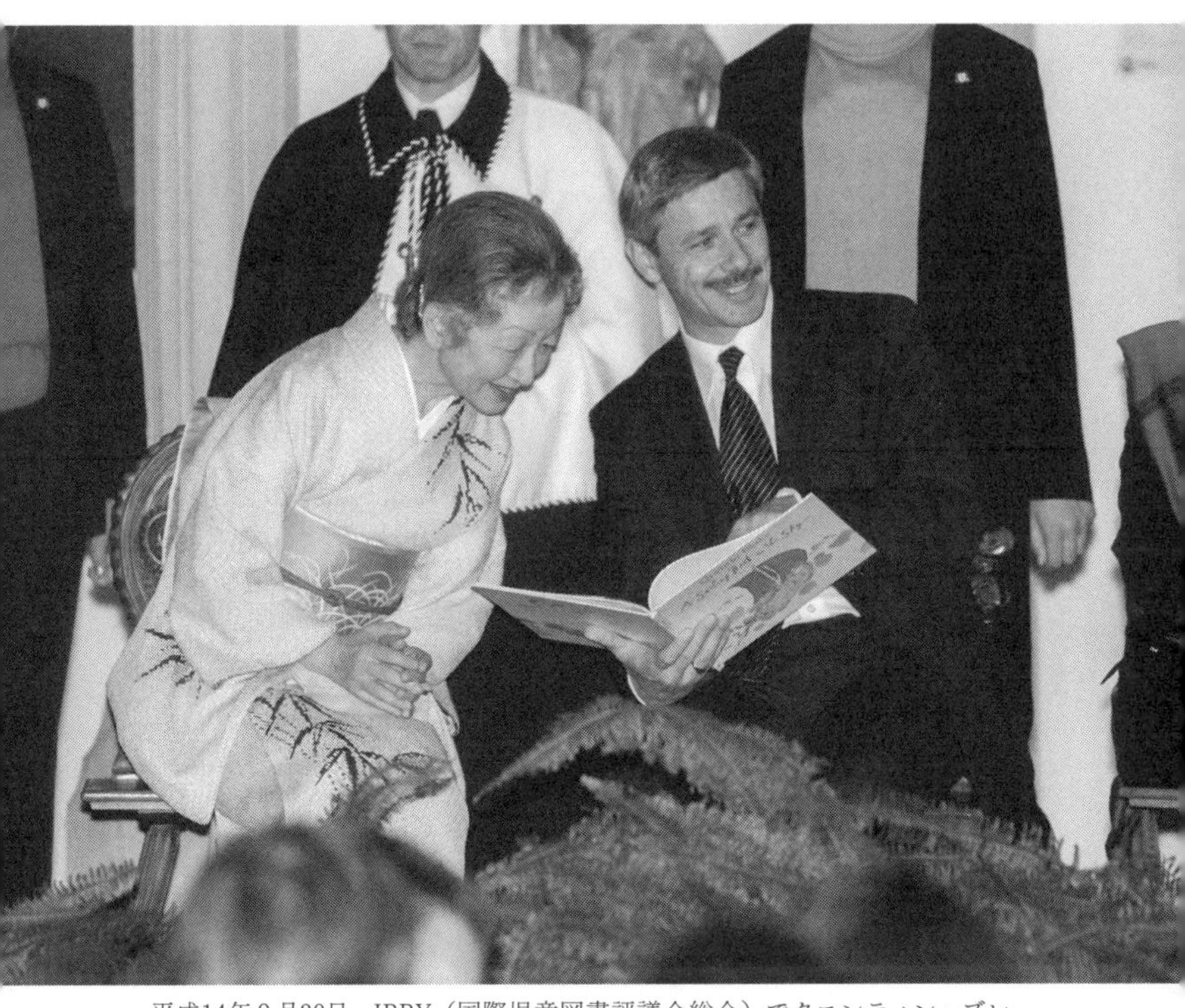

平成14年９月30日、IBBY（国際児童図書評議会総会）でクエンティン・ブレークさんの絵本を笑顔でのぞき込む美智子さま。

経済的・社会的な要因により、本ばかりか文字からも遠ざけられている子どもたちや、紛争の地で生活する子どもたちがあまりにも多いことに、美智子さまは心を塞がれている。

美智子さまご自身も第二次世界大戦の末期、疎開先で読んだ本から他国理解への道を説いてもらった経験があることから、子どもたちのうちにひそむ大きな可能性を信じてほしいと語られている。

音楽に親しむ

陛下のチェロの伴奏をすることが私の喜びです

［平成30年　映画「羊と鋼の森」の特別試写会ご鑑賞後の言葉］

昭和62年11月22日、ご一家で演奏を楽しむ皇太子殿下（現・上皇陛下）、美智子さま、紀宮さま（現・黒田清子さん）、浩宮さま（現・天皇陛下）、礼宮さま（現・秋篠宮殿下）。

平成30年5月24日、天皇陛下（現・上皇陛下）と美智子さまは、映画「羊と鋼の森」の特別試写会を訪問された。右の言葉は、美智子さまが、映画ご鑑賞後に述べられたものだ。

会場を後にされると、主演の山﨑賢人さんやエンディングテーマを演奏する辻井伸行さんに出迎えられた。

ピアノに長く親しみ、調律にも興味があったという美智子さまは、辻井さんの手を取り握手をされた。

078

愛読書の時間をもつ

これまで出来るだけ遠ざけていた探偵小説も、もう安心して手許に置けます

［平成30年　お誕生日に際し］

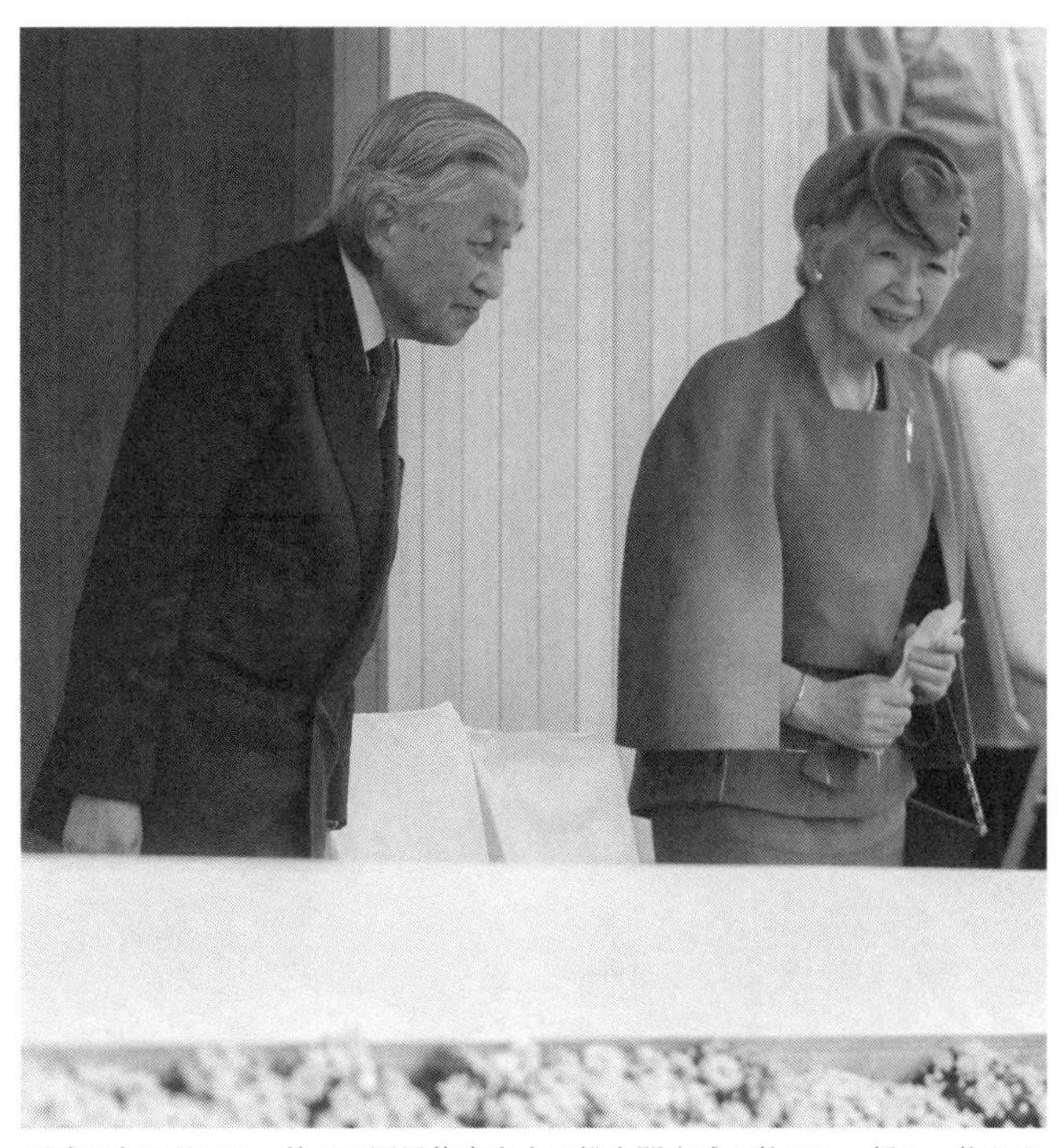

平成30年9月29日、第73回国民体育大会の総合開会式が終了し、軽く一礼をする天皇陛下（現・上皇陛下）と美智子さま。

右の言葉は、平成最後のお誕生日を迎えられた際の言葉だ。

天皇陛下のご退位にあたり、公務を離れられる美智子さまは、「今後何かすることを考えているか」とよく尋ねられていたという。

右の言葉に続けて、「いつか読みたいと思って求めたまま、手つかずになっていた本を、これからは1冊ずつ時間をかけて読めるのではないかと楽しみにしています」と述べられた。

美智子さまの言葉 079

音楽でつながる

あれは赤とんぼね

［平成28年　舘野泉さん傘寿記念演奏会にて　『婦人公論』平成31年4月25日］

素敵な音楽家との出会い

右の言葉はピアニスト・舘野泉さんにかけた言葉。

舘野さんがはじめて美智子さまにお会いしたのは、昭和60年のことだった。そのとき美智子さまは「やっとお会いできました。いつもレコードで聞いています。素敵だと思っておりました」とお話しされたという。

音楽の余韻を大事に

平成14年、舘野さんは脳溢血に襲われ、一命はとりとめたものの手先を動かすことが厳しい状態になってしまった。美智子さまは、どんな状況になろうと演奏に励む舘野さんを思い、

左手(ゆんで)なるピアノの音色耳朶(ねいろじだ)にありて灯(ひ)ともしそめし町を帰りぬ

と詠まれた。このお歌を知った舘野さんは「音楽の余韻をとても大事にしていらっしゃるのだな」と感じ、心からうれしく思ったという。

ともに奏でる

とてもきれいなフルートで、聴き入ってしまいました

［朝日新聞　令和元年8月27日付］

演奏会をご鑑賞

右の言葉は、令和元年に「第40回草津夏期国際音楽アカデミー&フェスティバル」に参加されたときの言葉だ。

この音楽祭は、国内外トップレベルの演奏家が集まるもので、美智子さまは上皇陛下とともに演奏会を鑑賞された。この音楽祭が開催されている期間には、アカデミー講師による講演会が毎日開催されるという。

ともに演奏する

演奏会に先立ち、音楽祭のワークショップも開催された。

美智子さまは、世界的なフルート奏者カールハインツ・シュッツさんとともに演奏され、サン・サーンスの「白鳥」をピアノでくり返し練習されたという。

平成29年に行われた同ワークショップでは、バイオリン奏者のウェルナー・ヒンクさんとの演奏を楽しまれている。

Column 5

音楽は自らにとって好きで大切なもの

ピアノの演奏を趣味にされている美智子さまは、音楽についてさまざまな言葉を残されている。

平成11年には「一日が終わり、夜、静かな部屋で陛下の伴奏をさせていただいたり、また、年に二、三度ですが、専門家の方に教わりながら楽興の一時を持つことは、今の私にとり大きな喜びです」と述べられている。また、平成19年のお誕生日には「気がついた時には、音楽が自分にとって好きで、また、大切なものになっていたということでしょうか」と答えられている。

一時、手指のご不自由があり、ピアノを弾かれることから離れていたが、令和３年には少しずつピアノをお弾きになれるようになったという。

昭和36年10月16日、ピアノを弾かれる美智子さま。27歳のお誕生日に際して撮影された。後年、美智子さまがピアノを演奏し、天皇陛下（現・上皇陛下）がチェロを、皇太子殿下（現・天皇陛下）がバイオリンを弾かれ、ご一家で合奏されることもあった。

第6章

世界の人々への思い

とても悲しいことですが、
人間にとって、
過去を許すということは
大変にむずかしく、
努力を要することでしょう

［昭和46年　元軍人による抗議デモに対して］

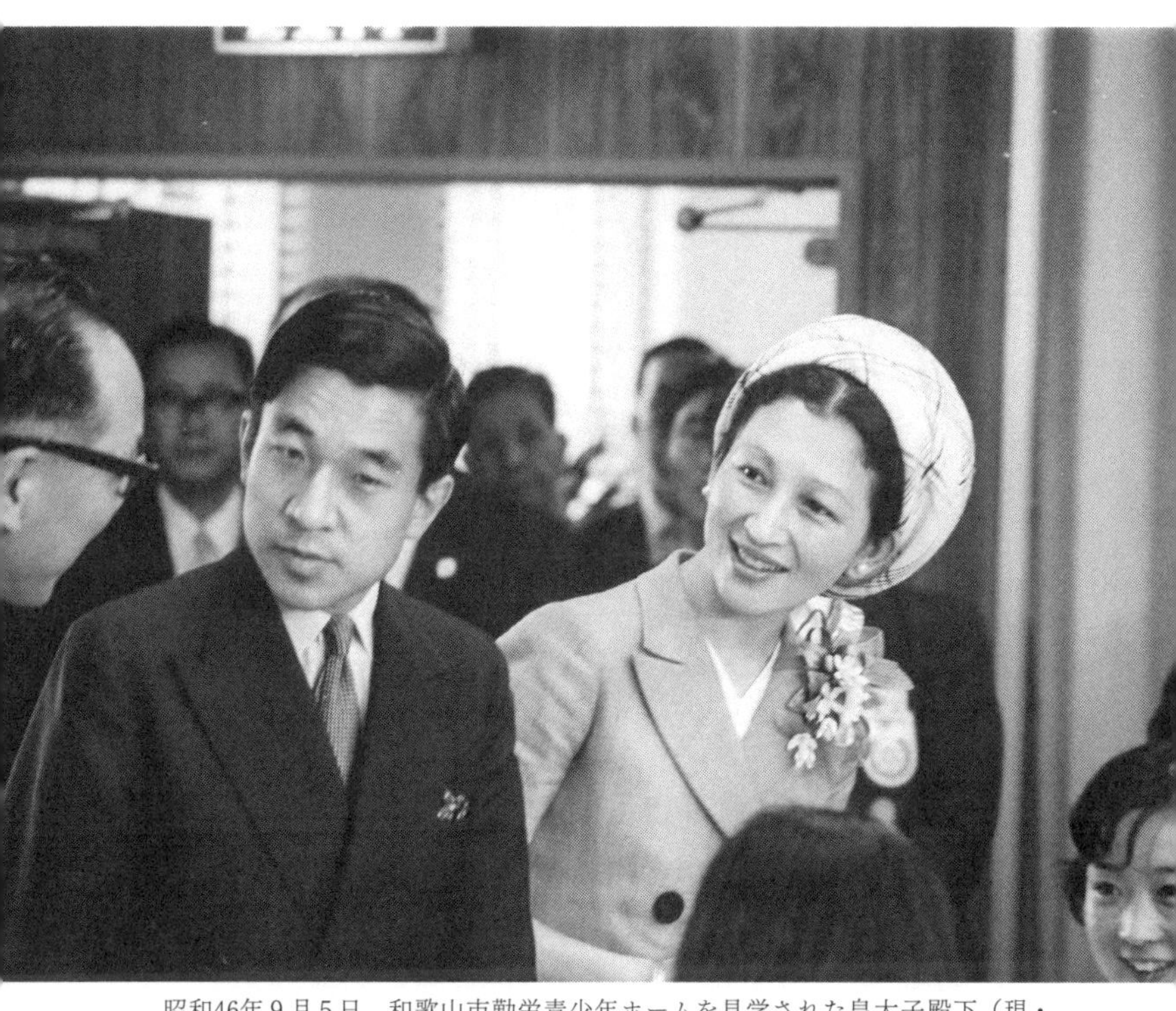

昭和46年9月5日、和歌山市勤労青少年ホームを見学された皇太子殿下（現・上皇陛下）と美智子さま。

昭和46年9月、昭和天皇・香淳皇后両陛下は欧州7カ国を訪問。象徴天皇制のもとでは初の天皇陛下の外国訪問であった。

訪問先では各国の政府や王室から大変な歓待を受けたものの、一方では大戦中の捕虜の扱いをめぐり、日本に厳しい感情を持つ国もあった。オランダでは昭和天皇のお車に物が投げつけられたり、イギリスでも元軍人による抗議デモが行われるなどした。

082

白夜の記憶

少女時代に接した
古い伝説や物語、音楽などを通じ、
かねてより心惹かれていた国々です。
白夜はどんなでしょう

［昭和60年　お誕生日に際し］

北欧４カ国ご訪問

昭和60年６月、皇太子妃だった美智子さまはご夫妻で、北欧４カ国を訪問された。欧州最古といわれるデンマーク王室と日本の皇室は、歴史的に友好的な関係を続けており、平成29年に外交関係樹立１５０周年を迎えた際には、双方の記念事業で、皇太子殿下（現・天皇陛下）とフレデリック皇太子殿下がそれぞれ名誉総裁に就任されている。

心を惹かれた北欧へのご訪問

美智子さまが大変な読書家であることは世界で広く知られており、平成10年の国際児童図書評議会の世界大会でも、「(読書は）あるときには私に根っこを与え、あるときには翼をくれました。この根っこと翼は、私が外に、内に、橋をかけ、自分の世界を少しずつ広げて育っていくときに、大きな助けとなってくれました」と述べられている。

その美智子さまが幼いころ、本を通じて心を惹かれた北欧へのご訪問。少女のように心を躍らせる美智子さまのご高揚が伝わってくる。

083

友好の意味

国と国との間の関係というのは、
日頃からいろいろな分野の方が
努力して下さっていることであって、
それが公式訪問の折に、
お互いの親善が表に
非常にはっきりと溢れてくる

［平成3年　タイ、マレーシア、インドネシアご訪問に際し］

平成3年9月29日、タイ・スコータイの歴史公園を訪問された天皇陛下（現・上皇陛下）と美智子さま。

平成3年9月26日から10月6日にかけ、天皇皇后両陛下はタイ、マレーシア、インドネシアを訪問された。天皇陛下（現・上皇陛下）は、各国をより深く理解し、友好関係を強める意味からも、首都以外の地域を訪れることが大事だとお考えになり、そのご希望を宮内庁に伝えられていたという。

そうお話しになる天皇陛下のお隣で、美智子さまは右のように述べられていたのだった。

084

中国の旅

今回の旅で出会う人々、
今回の旅で訪れるそれぞれの場所が
いつかやがて自分にとって懐かしい人々、
懐かしい場所となれば
うれしいと思います

［平成4年　中華人民共和国ご訪問に際し］

はじめての中国ご訪問

平成4年10月、天皇陛下（現・上皇陛下）と美智子さまがはじめて中国を訪問された。これは、それまでの皇室史にはなかった出来事であった。

美智子さまは、訪中前の宮殿での会見で右のように述べられた。「中国は今までに一度も訪れたことのないお国ですので、何もかも初めてのこととして楽しみにしています」とされたうえで、この言葉を続けられている。

万里の長城や中国科学院などへ足をお運びになり、上海市では近郊の農家を視察され、現地の人々に暮らし向きなどをお尋ねになった。

日本の文化の特性をみる

中国ご訪問中には、宮内記者会から史跡や文化財をご覧になり感じたことを聞かれると、「文化移入の折に行われた取捨選択を通じ、日本文化の特性を考えてみるのも面白いのではないか」とお話しになった。

085

ラテンアメリカへの思い

それぞれの価値を持つ
他の国々を理解し、
その文化を尊重し、
何よりも、
そこにかけがえのない友を
持ちたいと思います

［平成5年　日本・ラテンアメリカ婦人協会創立20周年記念祝賀会］

日本・ラテンアメリカ婦人協会創立20周年記念祝賀会が、平成5年5月17日、都内のホテルで開かれた。

美智子さまはこの年、祝賀会にご臨席された。

多くの移民が交流するなど歴史的に浅からぬ縁を持ちつつも、地理的に遠く隔たる両地域。そこへ馳せる美智子さまのお気持ちが述べられている。

平成５年９月10日、ベルギーを訪問された天皇陛下（現・上皇陛下）と美智子さま。腕を組み和服姿で聖ヴォドリュ教会を訪問された。

平和を願う

平和の持続のためには、人々の平和への真摯な願いと、平和を生きる強い意思が必要ではないかと思います

［平成6年　アメリカ合衆国ご訪問に際し］

平成6年6月13日、歓迎式典と会談を終え、クリントン大統領夫妻に見送られてホワイトハウスを退出する天皇陛下（現・上皇陛下）と美智子さま。

平成6年6月、美智子さまは天皇陛下（現・上皇陛下）とともに米国を訪問された。

現地で外国記者から、日本について聞かれた際、右のようにお答えになった。

後段では、平和のなかで、人々の思想や文化が発展し、また、人々が謙虚な姿勢で他人や他国を尊重できる「礼節を重んじる国柄」でありたいとこれからの日本への期待を述べられた。

087

スペイン国王と天皇の友情

友情への感謝の気持ちを持って、この度スペインを訪問いたします

［平成6年　スペイン訪問に際し］

月日を経て再会する

平成6年9月、フランスとスペインへのご訪問を翌10月に控えた美智子さまは、天皇陛下（現・上皇陛下）とともに宮殿での会見に臨まれた。

美智子さまは会見で、「ファン・カルロス陛下（スペイン国王）も今上陛下も、ともに20代のお若い親王殿下でいらっしゃいました」と回想されながら、「永い年月にわたり、お二方との間に温かく保たれた友情を、わたくしは大切なものに思っており、この友情への感謝の気持ちをもって、この度スペインを訪問いたします」と述べられた。

友人と呼べる大切な人

美智子さまは、天皇陛下とスペイン国王との「友情」について、深い感動の念を抱かれていた。そして、「少しでも多くの人が、相手の国に友人と呼ぶことのできる大切な人を持つことができたならば、どんなによろしいかと折々に思うことがあります」とも述べられていた。

遠い砂漠の緑化にでかけていく
ボランティアの青年たちを
年毎に見送るとき、
彼らの信念と、意志と勇気とが、
私のイメージの中の砂漠に、
わずかな緑を点じます

［平成7年　国際大学婦人連盟第25回国際会議開会式］

2度目のご臨席

第二次世界大戦が終結して50年という節目の年にあたる平成7年8月、横浜市で開催された国際大学婦人連盟第25回国際会議の場に、世界52カ国・約800名の会員が集い、『女性の未来は世界の未来　生存と進歩のための教育』をテーマに闊達な会議が10日近くにわたり行われた。

この会議はその21年前にも東京で第18回大会が開催されており、そのときも美智子さまは臨席されている。

環境問題への関心

開会式に臨まれた美智子さまは英語でスピーチをされ、世界の環境問題が決して楽観を許さないとしながらも、冷戦後に多くの国々が自由な国家として再生の道を歩きはじめている状況を鑑み、「より多くの人が自覚を深め、行動を開始しています」と前向きな視点を示され、心に残る言葉を世界へ向けて発信された。

寄せる思い

それぞれの土地で、初期の移住者として苦労された人々をしのび、冥福を祈ってまいりたい

［平成9年　ブラジル、アルゼンチンご訪問に際し］

2度のご訪問を振り返る

平成9年、天皇陛下（現・上皇陛下）と美智子さまはブラジルとアルゼンチンに足を運ばれた。両国へのご訪問は、昭和42年のペルー、アルゼンチンご訪問、昭和53年のブラジル、パラグアイご訪問に続き3度目であった。

訪問に先立つ会見の場で、美智子さまは当時のブラジルの記憶として、赤土の広野に新しく建てられた建物の鮮烈な印象や、アルゼンチンについてはブエノスアイレスの牧場で過ごした体験などを述べられた。

再会を楽しみに

また、記者からの「楽しみにされている訪問先は」との質問に対し、最初の訪問から既に30年という歳月が経っていることを鑑み、再会を楽しみにしながら「当時お会いした（移民）一世の方々の多くはすでに物故しておられ、そのことは寂しいことに思われます」としたうえで、当時の日系移民たちの苦労と努力に思いを馳せられた。

090

未来を見据えて

古い絆の上にあるこのつながりに、絶えず新しい時代のよき交流を注ぎ足し、この掛け替えのない二国間の関係を、更によいものとするよう努めていきたい

［平成10年　ポルトガルお立ち寄りに際し］

平成10年の英国、デンマークご訪問の際、天皇陛下（現・上皇陛下）と美智子さまはポルトガルにもお立ち寄りになった。

かつてポルトガル人を乗せた船がヨーロッパ人としてはじめて日本（種子島）へ漂着した歴史を鑑み、その時間の重みと未来への発展を願われた美智子さまの深い言葉である。

平成10年５月27日、イギリスのカーディフ城で行われた歓迎会に臨む美智子さま。

091

心を込めて

数しれぬ多くの方々の努力の成果に支えられ、なお一層相互の信頼を増す機会となるよう、心を尽くして務めを果たしたい

［平成12年　オランダ、スウェーデンご訪問に際し］

平成12年、天皇陛下（現・上皇陛下）と美智子さまは、オランダ女王、スウェーデン国王からの招待で、両国に3度目の訪問をされた。美智子さまはご訪問への期待を上の言葉で表現された。

特にオランダは、日本との交流が長く、皇室とオランダ王室の間にも深く親密な歴史が重ねられている。

平成12年５月30日、スウェーデンを訪れた美智子さま。雅楽の公演会場の前で、シルビア王妃とともに、集まった人たちに手を振られている。

092

善意と友情を示す

陛下が国賓として
海外をご訪問になるということは
それらの国に対し、
陛下が日本を代表して善意と友情を
お示しになるということで、
そのことが訪問の第一義である
と考えています

［平成14年　ポーランド、ハンガリーご訪問に際し］

平成14年7月10日、ポーランドをご訪問された天皇陛下（現・上皇陛下）と美智子さま。迎賓館から馬車でワジェンキ水上宮殿に向かわれている。

平成14年の東欧ご訪問に際し、記者からその意義を聞かれた美智子さま。

美智子さまは、ご訪問先がどの国であろうとも、天皇陛下（現・上皇陛下）が善意と友情をその国にお示しになることが大事だと述べられた。

また、天皇陛下の体調を気遣われ、「陛下のお疲れに皆して注意し、適当なご静養を取っていただくことが大切と思います」とお話しされた。

093

伝承文化への理解

苦しみ多い時代にも、
決して捨てることのなかった
民族の誇りと
それを支えたであろう
この地域の伝承文化への理解を深めたい

［平成19年　スウェーデン、エストニア、ラトビア、リトアニア、イギリスご訪問に際し］

平成19年5月23日、スウェーデンを訪問された天皇陛下（現・上皇陛下）と美智子さま。現地の学生たちによる島唄の合唱を聴かれている。

平成19年5月、美智子さまが天皇陛下（現・上皇陛下）とともに欧州を訪問されたときの言葉。

お二人が訪問されたエストニア、ラトビア、リトアニアの三国は、平成3年に独立した国だ。

「短時日とはいえ、この三カ国を訪問することができますことは大きな喜び」とお話しされた。

094

平和の恩恵

絶えず平和を志向し、
国内外を問わず、
争いや苦しみの芽となるものを
摘み続ける努力を
重ねていくことが大切

［平成26年　お誕生日に際し］

平成24年６月27日、公式実務訪問で来日したスロバキアのガスパロビッチ大統領夫妻を出迎える天皇陛下（現・上皇陛下）と美智子さま。

平成26年10月20日、美智子さまは80歳を迎えられた。

この年は、第一次世界大戦のきっかけとなったサラエボ事件から１００周年の節目。

欧州各国でさまざまな式典が開催されたことに触れ、「敵味方として戦った国々の首脳が同じ場所に集い、ともに未来の平和構築への思いを分かち合っている姿には胸を打たれるものがありました」と述べられた。

095

別れた後もともに

この世に悲しみを負って生きている人が
どれ程多く、その人たちにとり、
死後は別れた後も
長く共に生きる人々であることを、
改めて深く考えさせられた1年でした

［平成27年　お誕生日に際し］

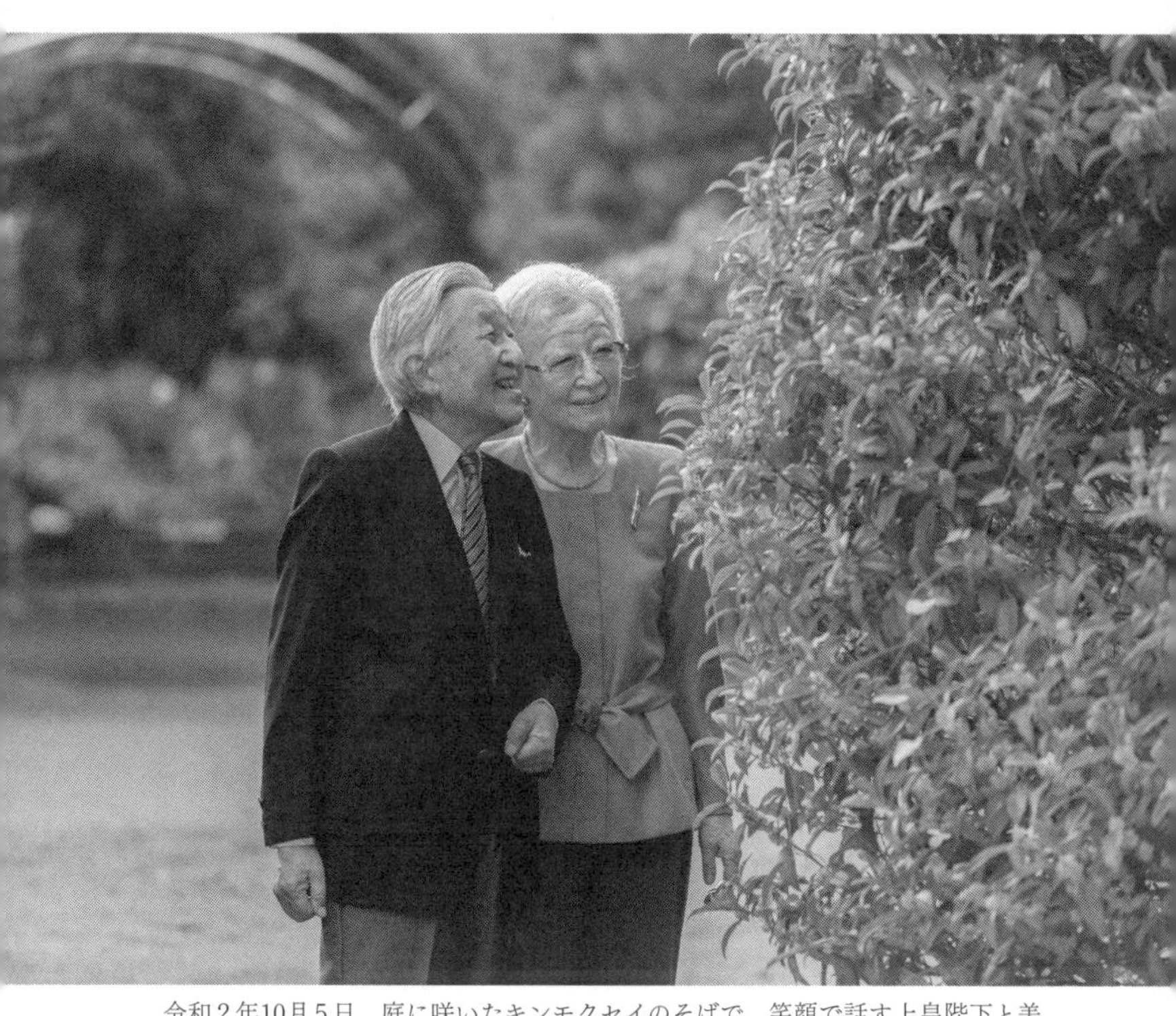

令和２年10月５日、庭に咲いたキンモクセイのそばで、笑顔で話す上皇陛下と美智子さま。（宮内庁提供）

戦後70年目となる平成27年、美智子さまは、この年に起きた自然災害への思いや平和への願いを文書で回答された。

この年の4月、戦没者慰霊のためパラオを訪問された天皇陛下（現・上皇陛下）と美智子さまは、戦没者慰霊の碑に供花して犠牲者を追悼された。

また、「犠牲者の御霊に接するようで胸が一杯になりました」と哀切の思いを述べられている。

Column 6

戦禍に見舞われた人々へ思いを寄せた国際親善

昭和37年11月、皇太子殿下（現・上皇陛下）と美智子さまは太平洋戦争最大の激戦地とされているフィリピンを訪問された。

国際親善と慰霊を目的としたこの旅は「慰霊の旅」とされ、より一層親交が深まることが期待されていた。

現地では、フィリピンで国民的英雄とされるアギナルド将軍を訪問され、その後将軍の手を取り、バルコニーに立ち市民に手を振られた。93歳の将軍を支えるお二人の姿に、市民は賞賛の声をあげた。戦後、フィリピンの日本軍への嫌悪感を和らげた瞬間ともいえる。それからおよそ54年後、平成26年１月、お二人は再度フィリピンを訪問された。80代を迎えられていたお二人は、半世紀ぶりのご訪問に懐かしさを覚えられたという。

昭和37年11月、マニラの国立児童保護施設を訪問された美智子さま。現地の人々の前で鶴を折られた。

第7章

国民を思うやさしさ

名前を呼ぶ

桜井さんですね？よろしくお願いします

［『女性自身』昭和43年12月23日号］

昭和43年８月９日、第50回全国高校野球選手権大会開会式で、一塁側特別席から会場を見つめる皇太子殿下（現・上皇陛下）と美智子さま。

昭和43年、美智子さまのボディーガードを担当していた女性に、美智子さまが直接かけられた言葉。

最初の勤務の初日、美智子さまがご帰宅されるころ、ボディーガードの二人の前を通りかかられた。

すると、ふと戻ってこられ、この言葉をかけられたのだ。

この日、二人は「なんて、細かいところにまでお気のつく方でしょう」と喜び合っていたという。

美智子さまの言葉 097

スポーツへの関心

もう見えましたか

［昭和60年11月　東京国際女子マラソンのコースの沿道にて　朝日新聞　昭和60年11月18日付］

昭和60年11月17日、東京国際女子マラソンで、沿道から力走する選手に声援を送る美智子さま。

昭和60年11月17日、美智子さまは、三笠宮百合子妃殿下とともに東京国際女子マラソンの選手を応援しに沿道に姿を現した。

その際、赤坂御用地南門前で、沿道の人にこう声をかけられた。応援する人たちに気軽に声をかけられ、選手が前を通過するたびに拍手を送られた。また、近くにいた小学6年生の女の子が美智子さまに小旗を手渡すと、「どうもありがとう」と受け取られた。

選手への声援

私はマラソンが大好きで応援したくて出てきています

［朝日新聞　昭和60年11月18日付］

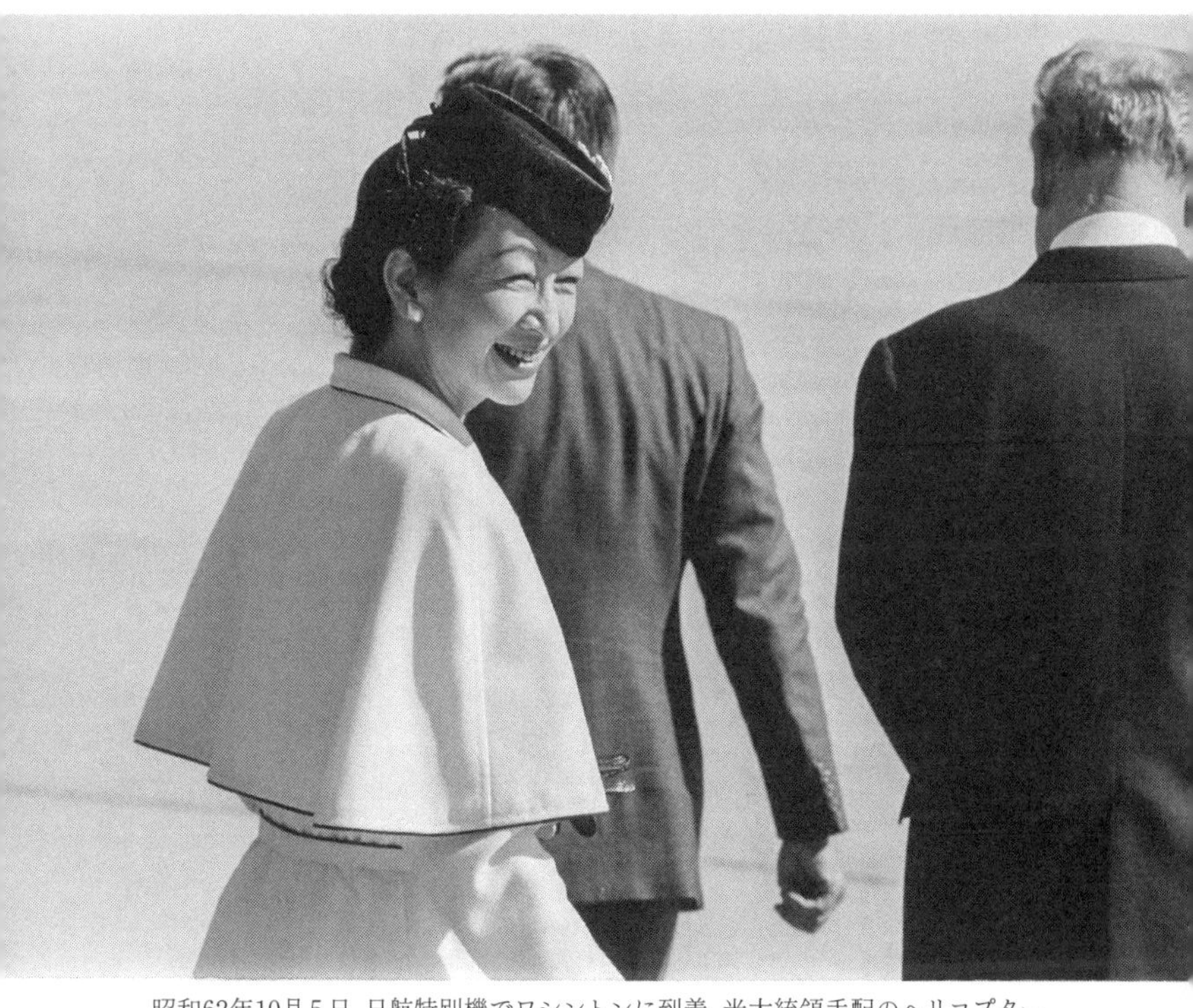

昭和62年10月5日、日航特別機でワシントンに到着、米大統領手配のヘリコプターに乗り換えてワシントンD.C.に向かう美智子さま。

昭和60年、東京国際女子マラソンで選手たちに沿道から声援を送られたときの言葉。

この後、美智子さまは、「今年はどんな選手が出るのですか」「え、54歳の方も。いろいろな方が出場され、大会は年々楽しくなりますね」などと述べられた。

また、最後尾の選手が歩くようにしている姿を見た美智子さまは、「しっかりー」などと、声をかけられたという。

099

苦労をねぎらう

母と子の2つの生命を預かる
この意義深い天職にある方々が、
これからも社会への貢献を
果たされることを期待します

［昭和62年5月　日本助産婦会創立60周年記念式典にて　朝日新聞　昭和62年5月19日付］

式典にご出席

昭和62年5月19日、美智子さまは、九段会館で行われた日本助産婦会創立60周年記念式典に出席された。

右の言葉は、助産婦の人たちの苦労をねぎらい、述べられたものだ。翌月にはナイチンゲール記章授与式に、翌年には全国赤十字大会に出席され、功労者の表彰後、「いっそう力強い活動を進められるよう希望してやみません」と述べられた。

脈々と受け継がれる

すでに、昭和58年にも美智子さまは東京・代々木の明治神宮会館で行われた全国赤十字大会に出席されている。

その際には「日本赤十字社が国の内外で立派に使命を果たしていることは、皆さんの尽力によるものと満足に思います。一層の強い活動を希望します」と美智子さまが香淳皇后の言葉を代読された。

母を思う

こちらに来てから、一度、
門の前まで行ってみましたが、
やはりどなたかの手で
花が飾られてあり、
胸がいっぱいになりました

［昭和63年8月　軽井沢での記者会見］

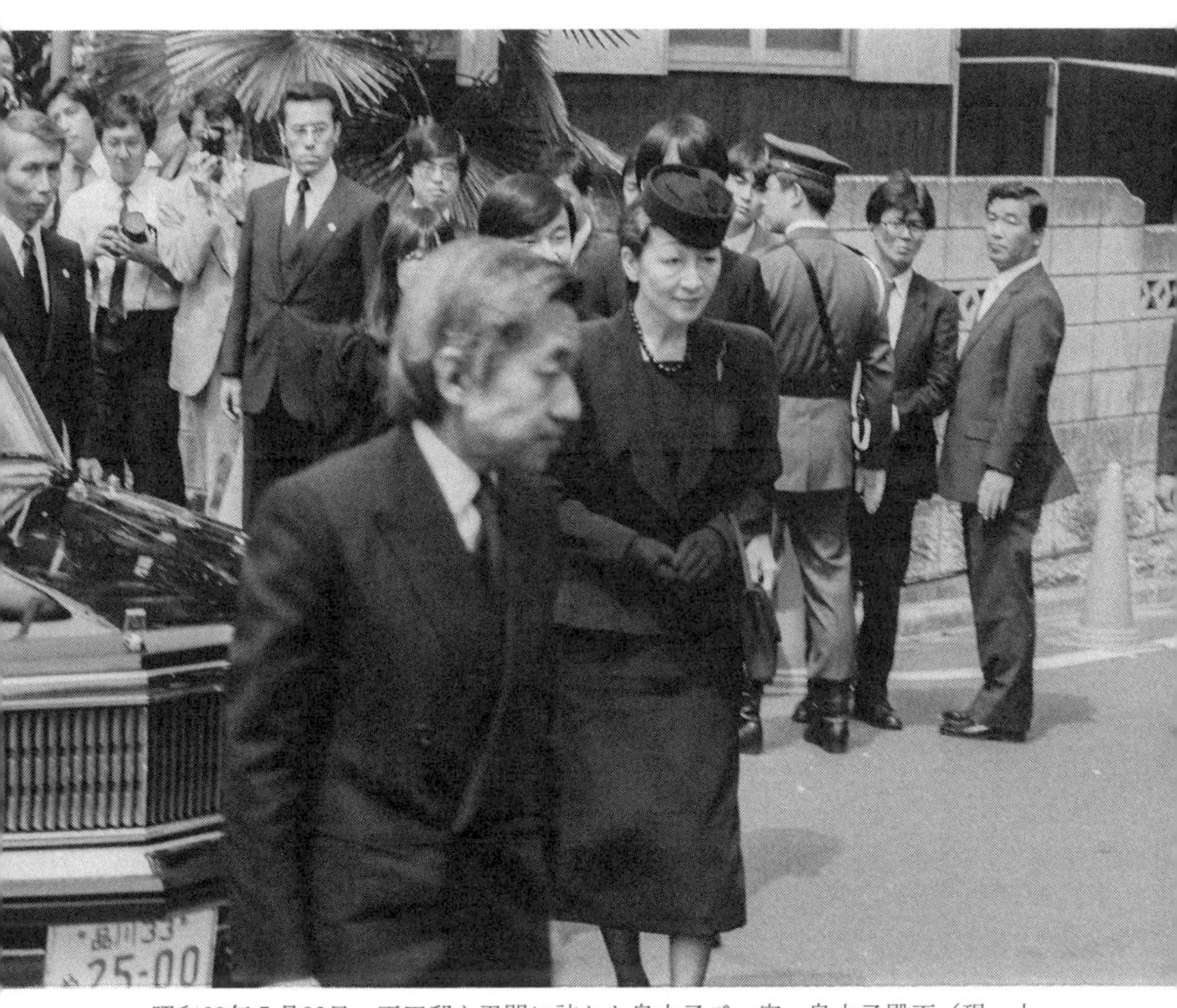

昭和63年５月29日、正田邸を弔問に訪れた皇太子ご一家。皇太子殿下（現・上皇陛下）と美智子さまが車から降り、向かわれている。

昭和63年5月、美智子さまの母・富美子さんが亡くなった。当時の侍従は「美智子さまは落ち着いておられたが、お気持ちは悲しい気持ちでいっぱいだっただろう」と述べている。

悲しみから3カ月後に行われた軽井沢での記者会見で、「生前、母が夏を過ごした家（別荘）の入り口に、いつもどなたかが花を差していってくださると知らされました」と述べられ、右の言葉を続けられた。

約束を守る

お約束を果たせました

［『皇后美智子さま「愛と慈しみ」の40年』（平成11年、主婦と生活社）］

昭和63年7月26日、「イタリアンオルガンフェスティバル―美濃白川」に出席するため岐阜県を訪れ、出迎えの人たちに応える美智子さまと紀宮さま（現・黒田清子さん）。

女優の水谷八重子さんが新派に出演していたときのこと。雙葉学園の同窓会で、美智子さまが水谷さんに「新派をよく見に参りました」と声をかけられたという。そこで水谷さんは「いつか、また、ぜひ」と返事をした。

すると、昭和63年、美智子さまは「新派百年記念公演」に足を運ばれた。会場の入り口で出迎えた水谷さんに対し、美智子さまは笑顔でこの言葉をかけられた。

優しくささやく

美智子です

［平成17年　国立療養所にて　『週刊朝日』平成20年10月31日号］

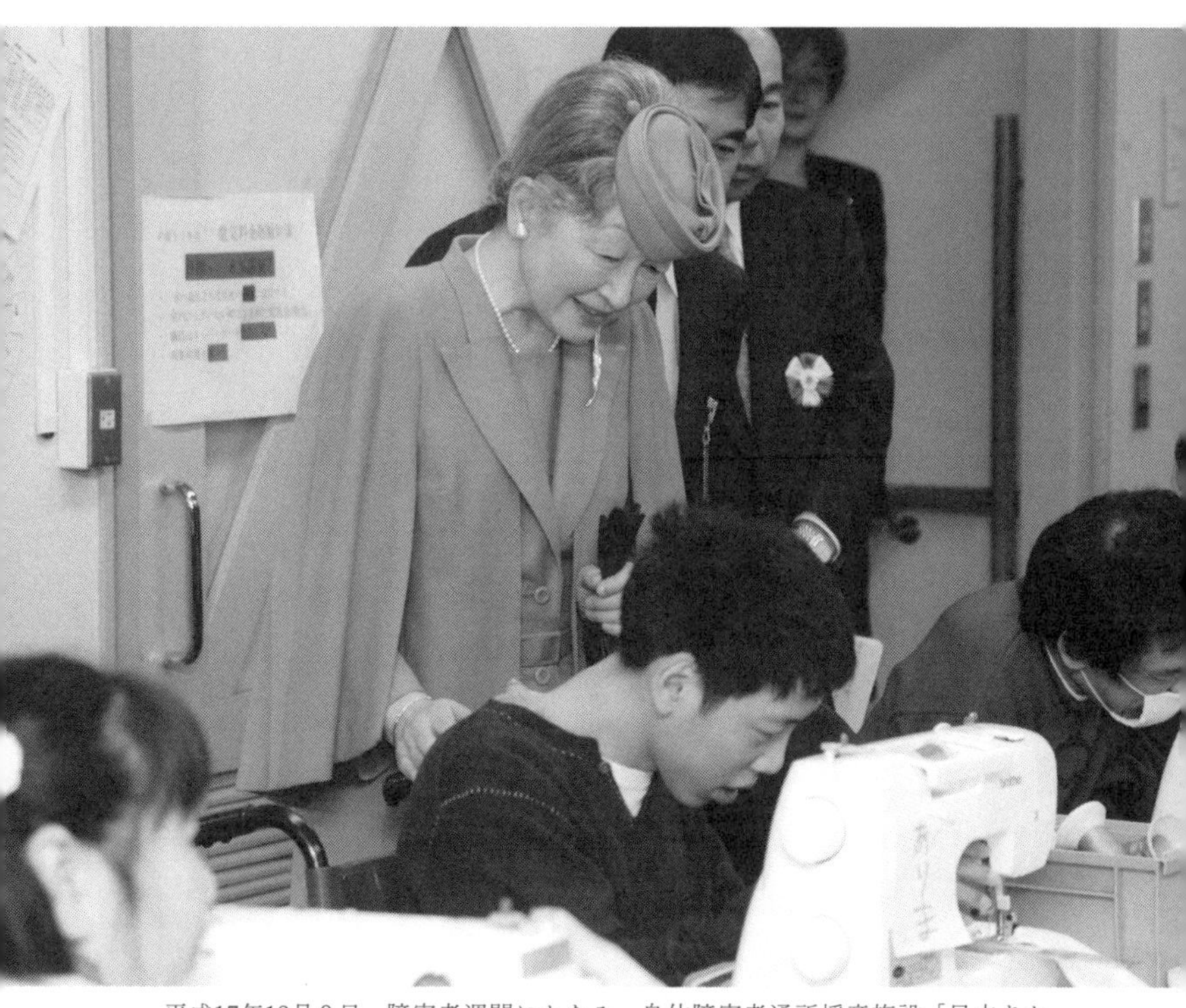
平成17年12月9日、障害者週間にちなみ、身体障害者通所授産施設「足立あかしあ園」を訪問された美智子さま。

平成17年、天皇陛下（現・上皇陛下）と美智子さまは、瀬戸内にある国立療養所2カ所を訪れ、ハンセン病患者のお見舞いをされた。その際、目の見えない入所者の耳元に顔を近づけ、右の言葉を優しくささやかれた。

施設の園長はのちに「後遺症で手足が変形した人たちや、車イスから立ち上がることができない人の手を一人ひとり握りしめ、話されていました」と述べた。

美智子さまの言葉 103

目線を合わせる

元気を出して頑張って。
つらかったでしょう。
大事になさってください

［平成19年　新潟県中越沖地震の被災地を訪れた際に］

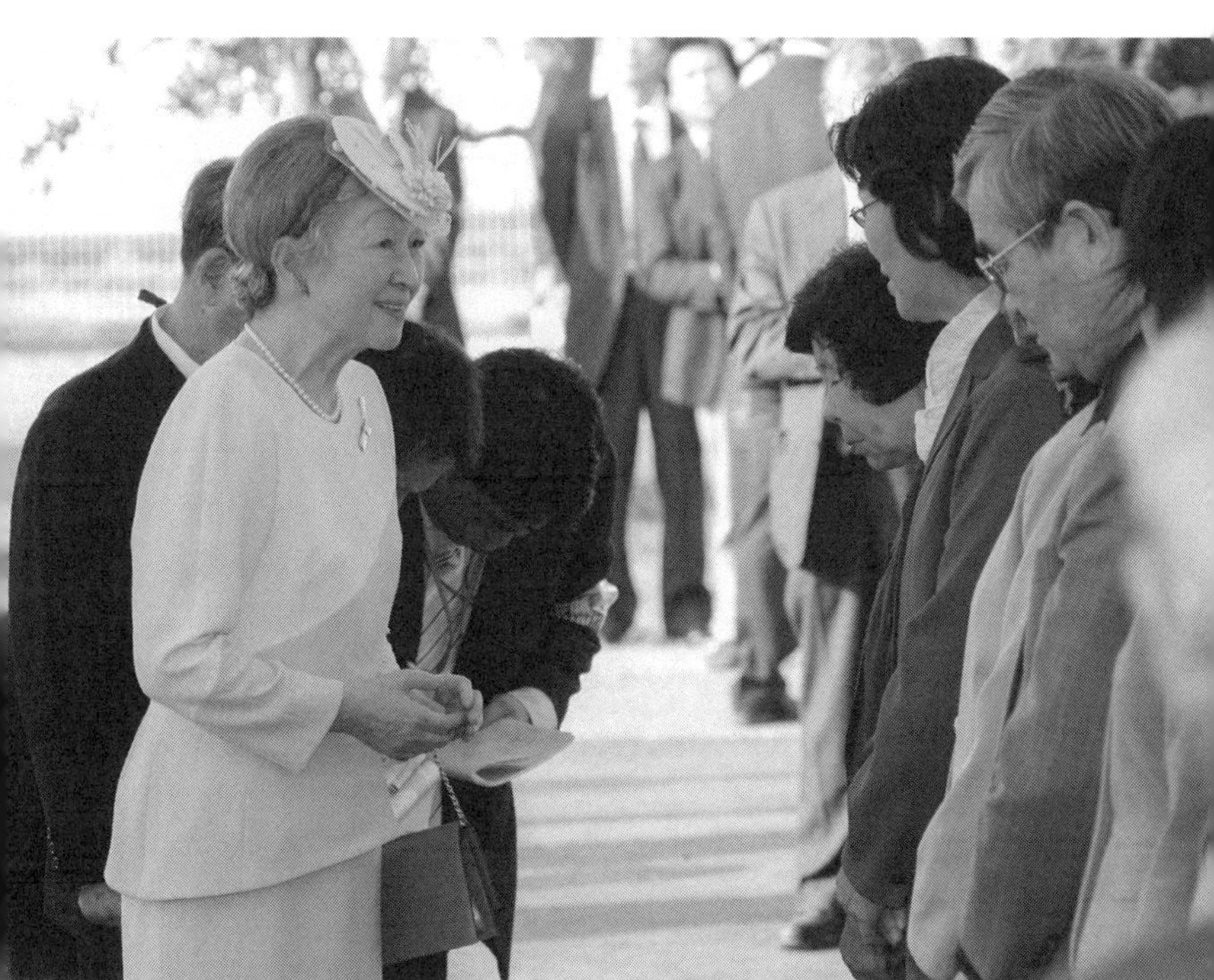

平成19年10月29日、福岡県西方沖地震で被災した住民たちが暮らす福岡市中央区の仮設住宅近くの広場で人々とお話しになる美智子さま。

平成19年8月、新潟県中越沖地震の被災地訪問の際の言葉。天皇陛下（現・上皇陛下）と美智子さまは公務のほか、災害の被災地を訪問された。

訪問時は、被災者一人ひとりの前でひざをつき、目線を合わせながら言葉をかけ、勇気づけられている。

また、両陛下はヘリに乗られ、上空から土砂崩れの様子などを視察。その後、避難所となっている小学校で激励された。

104

元気づける

災害ボランティアナースの始動状況は、どのような具合ですか

［平成23年　東日本大震災後　『週刊朝日』平成24年11月2日号］

平成23年3月12日、元国際看護師協会会長の南裕子さんに連絡を入れ、上のように話された。

災害が起こるたびに、被災地の状況について、美智子さまに報告していた南さんは「皇后さまは被災地の状況について、全貌が見えないもどかしさを感じておられるご様子でした」と振り返った。

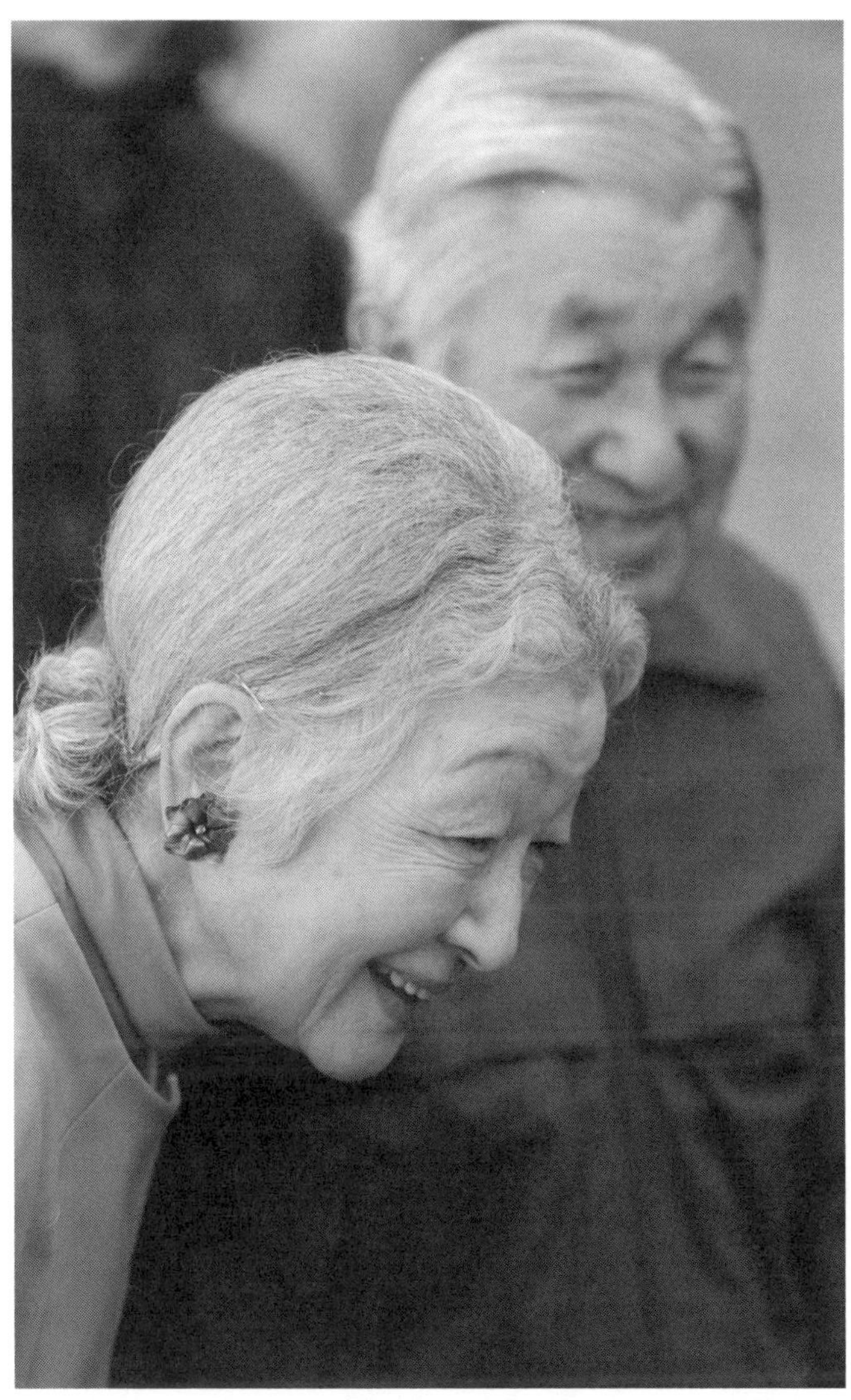

平成26年2月5日、静養先の葉山御用邸前の海岸を散策し、集まった地元の人たちに話しかける天皇陛下（現・上皇陛下）と美智子さま。

ひざをついて

遊んでね、たくさん

［平成23年3月　東京武道館にて　『AERA』平成23年4月11日号］

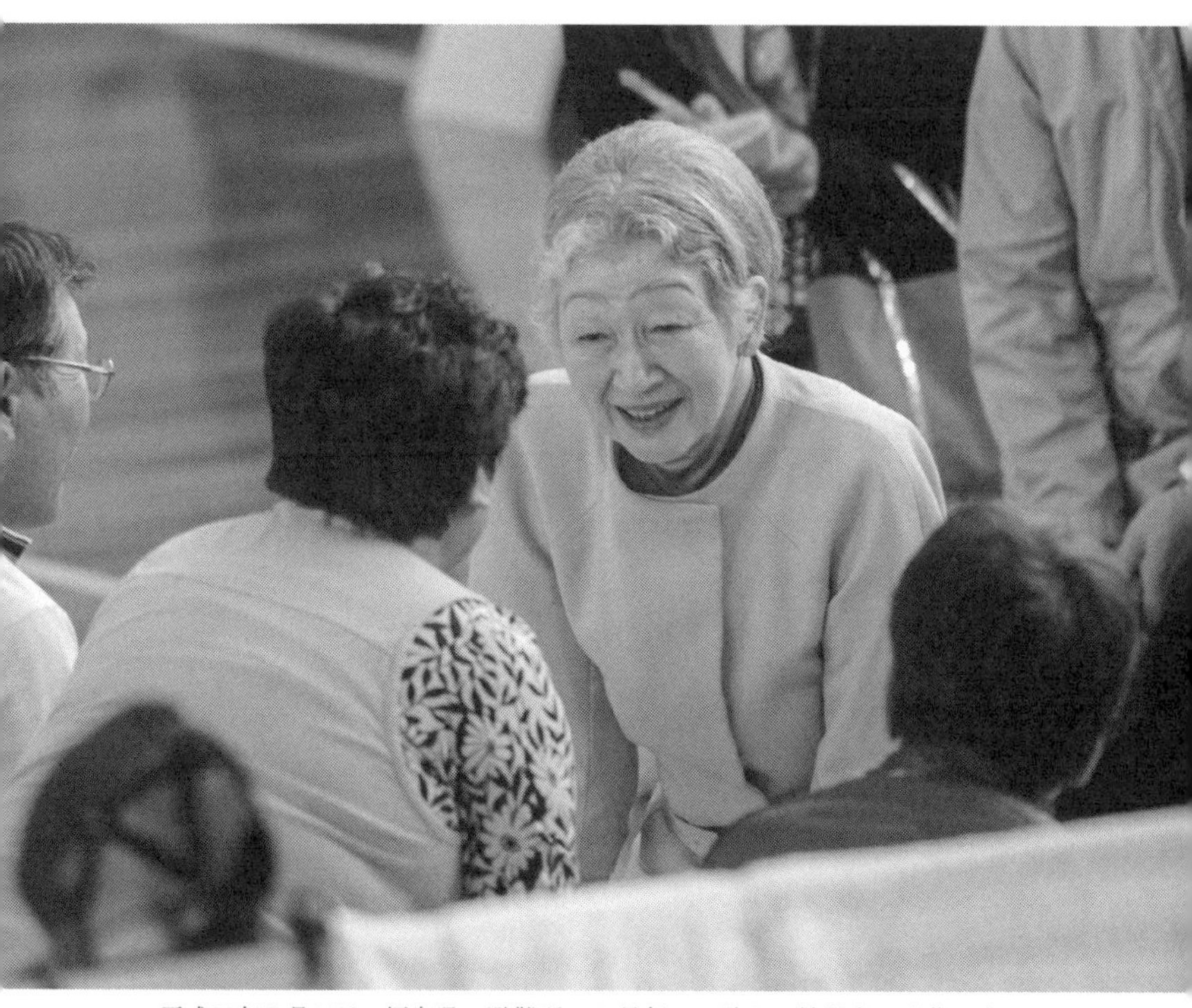

平成23年5月11日、福島県の避難所へお見舞いに訪れ、被災者と言葉を交わされた美智子さま。

平成23年3月30日、天皇陛下（現・上皇陛下）と美智子さまは、東京武道館を訪れ、ひざをついて視線を合わせ、東日本大震災の被災者一人ひとりに語りかけられた。

救援物資として届けられたお手玉を手にしたものの、うまくできない小さな女の子に声をかけられた美智子さま。「見せて」とお手玉を受け取り、自らやって見せ、少女の手をぎゅっと握り、右のように話された。

ひとりの母として

粉ミルク？硬水じゃないお水はちゃんと手に入る？

［平成23年3月　東京武道館にて　『AERA』平成23年4月11日号］

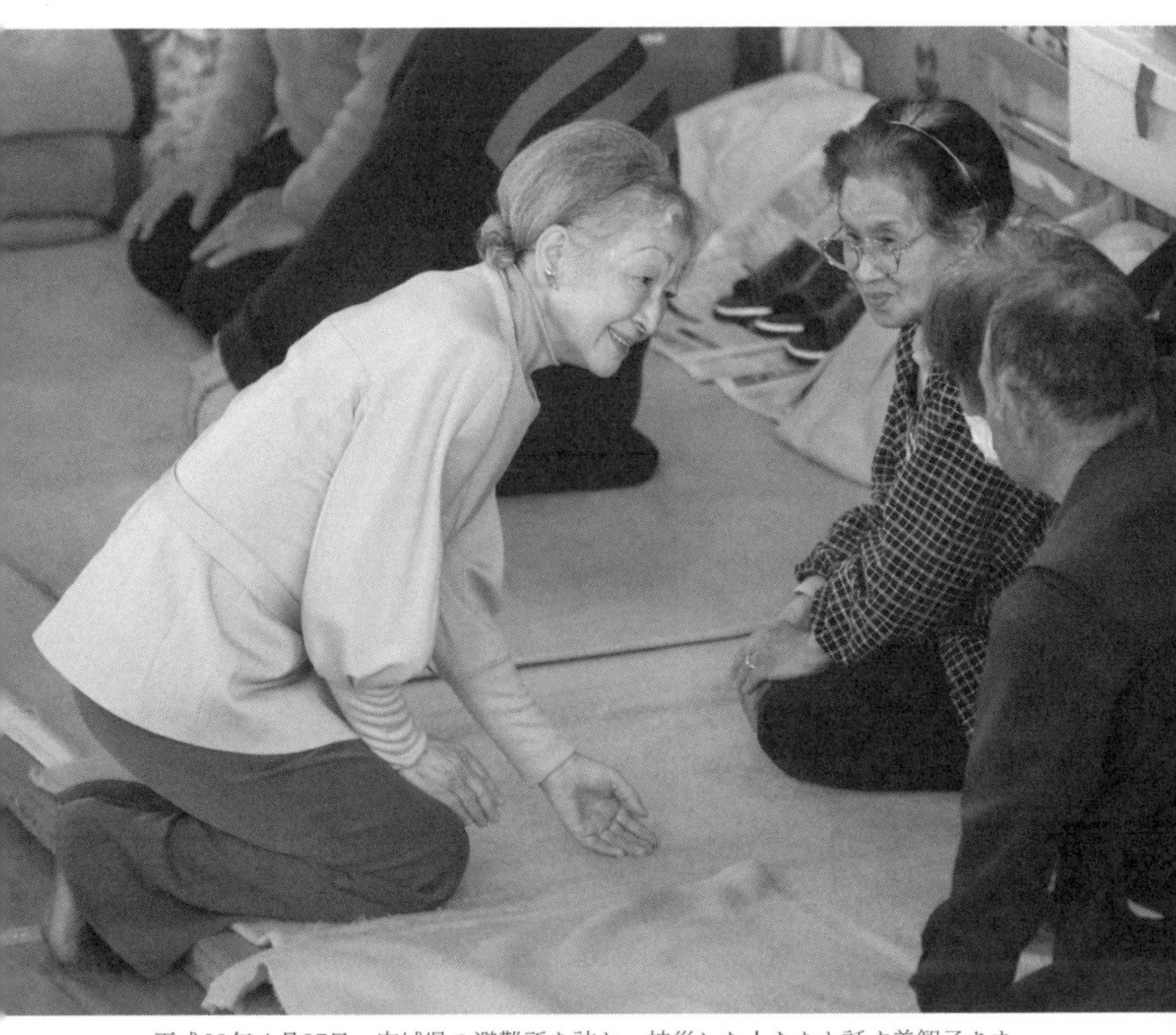
平成23年4月27日、宮城県の避難所を訪れ、被災した人たちと話す美智子さま。

東日本大震災の被災者が身を寄せる東京武道館に足を運ばれたときの言葉。

美智子さまは乳児を抱えた若い母親にそう声をかけられた。

当時、東京の水道水からも、放射性物質が検出されていた。ペットボトルの水の利用が推奨されていたが、「硬水だと乳児に過剰な負担を与える可能性がある」といわれていた。美智子さまは、それらをふまえ心を配られたのだった。

107

子どもに寄り添う

強かったね。怖かったね？　えらいこと！よく我慢してきたわね

［平成23年4月　茨城県北茨城市の避難所にて　『週刊朝日』平成24年11月2日号］

平成24年5月13日、宮城県仙台市の仮設住宅を訪れ、東日本大震災の被災者らに手を振る天皇陛下（現・上皇陛下）と美智子さま。

平成23年4月22日、美智子さまが天皇陛下（現・上皇陛下）と茨城県北茨城市の避難所を訪れた際、8歳の男の子にかけられた言葉。

また、5月6日、美智子さまは岩手県宮古市の避難所を訪れた。このとき避難していた87歳の母親と一緒にいた娘に対し「お母さんですか？　よくお守りになったわね、お母さまを。本当に大変でらしたけど、お元気でいらして」と語りかけられた。

できることをする

手もとにある本を二冊ずつ送りますね

［平成23年　東日本大震災後　『週刊朝日』平成24年11月2日号］

平成23年4月27日、被災した宮城県南三陸町の歌津地区に向かい、黙礼する天皇陛下（現・上皇陛下）と美智子さま。

美智子さまが長年の交流がある編集者・末盛千枝子さんに伝えられた言葉。

東日本大震災後、末盛さんのもとに、美智子さまから一本の電話があった。

そこで、末盛さんは、雪が残るなか廃墟と化した宮古市の様子と、末盛さんが立ち上げた被災地の子どもに本を届ける活動について伝えた。すると、美智子さまが右のように話され、その後も三度にわたり末盛さんに本をお送りになった。

たくさんの思い出がお母様とともにあるのね

［平成24年5月　宮城県仙台市の仮設住宅にて　朝日新聞　平成24年5月14日付］

相手に寄り添う

平成24年5月13日、天皇陛下（現・上皇陛下）と美智子さまは宮城県仙台市若葉区の仮設住宅を訪れた。当時、現地では、津波で大きな被害を受けた荒浜地区を中心に１９４世帯が暮らしていた。

津波で両親と妹を亡くした女性が「亡くなった母は美智子さまが大好きで、今日会えたらどんなにうれしかったか」と話し、美智子さまは右のようにお答えになった。

復興のために努める人を思う

同年10月のお誕生日の際には、被災した人々の家族の心労や放射能の影響下にある福島県や周辺地域の人々の不安に心を寄せられていた。

「どうかこれらの人々が最も的確に与えられる情報の許（もと）、安全で、少しでも安定した生活が出来るよう願うと共に、今も原発の現場で日々烈しく働く人々の健康にも、十分な配慮が払われることを願っています」と述べられた。

状況を深く理解する

ありがとう。
子どもたちのことを
よろしくお願いしますね

［平成24年　福島県川内村の川内小学校にて　『週刊朝日』平成24年11月2日号］

平成24年５月17日、イギリス・ロンドンのホーランド公園に集まった在留邦人らにあいさつする天皇陛下（現・上皇陛下）と美智子さま。

平成24年10月13日、天皇陛下（現・上皇陛下）と美智子さまは福島県川内村にある川内小学校を訪問された。

その際、美智子さまは右のように女性教員たちに話しかけられた。

川内村の村長はお二人の様子について「放射能汚染についても専門的なことまで詳しくご存じでした。常に相手の立場や状況を深く理解しておられるのだと感じました」と述べた。

健康な暮らしを願う

特に強い毒性を持つヒアリは怖く、港湾で積荷を扱う人々が刺されることのないよう願っています

［平成29年　お誕生日に際し］

上の言葉は平成29年のお誕生日に際して述べられた言葉。東日本大震災などの被災地の復興に心を寄せられたうえで、環境問題への関心もお見せになった。

広い範囲で微細プラスチックを体内に取り込んだ魚が見つかっていることや、外来生物の生息圏が広がっていることなどを問題点として挙げられた。

平成26年9月9日、天皇陛下（現・上皇陛下）と御所内を散策された美智子さま。（宮内庁提供）

Column 7

テニスだけではない スポーツへの関心

令和元年、日本に熱狂の渦を巻き起こしたのが「ラグビーワールドカップ日本大会（ラグビーW杯）」だった。

同年11月1日、上皇陛下と美智子さまは、東京スタジアムを来訪され、3位決定戦を観戦されていた。会場の大型モニターにお二人の姿が映し出されたことに気づくと、すっと立ち上がり、笑顔で手を振り歓声に応えられた。

テニスだけでなく、野球、サッカー、相撲など、さまざまなスポーツに興味を持たれているお二人。平成31年2月に開催された宮中茶会には、多くのアスリートも招待されていた。そこで、美智子さまはプロサッカー選手の三浦知良さんに対し、「Jリーグ元年からずっと見ていて、いつかお話をしたかった」と話された。

令和元年11月1日、ラグビーW杯の3位決定戦、ニュージーランド対ウェールズの試合観戦に訪問された上皇陛下と美智子さま。歓声と拍手が鳴り響くなか、手を振って応えられた。

第８章

未来への期待

静かに受け入れる

身に起こること、
身のほとりに起こることを、
出来るだけ静かに
受け入れていけるようで
ありたいと願っています

［平成6年　お誕生日に際し］

末永くご健康で

平成6年、美智子さまは還暦をお迎えになった。右の言葉は、このときの宮内記者会の質問に対し、これからの人生について語ったものだ。前段では「陛下と皇太后さまが、末永くご健康でいらしていただきたいと思います」と述べられている。

当時、世間では、美智子さまが天皇陛下（現・上皇陛下）とお二人で皇室に新しい風を吹き込まれたという意見も聞かれていた。

どの時代にも新しい風がある

この宮内記者会で美智子さまは、「皇室も時代とともに存在し、各時代、伝統を承継しつつ変化しつつ、今日に至っていると思います」とも述べられていた。

新たな風という言葉について、「どの時代にも新しい風があり、また、どの時代の新しい風も、それに先立つ時代なしには生まれ得なかったのではと感じています」と先人への敬意を示されていた。

113

平和を求めて

平和は、常に希求されながら、常に遠い目標にとどまるものなのでしょうか

［平成7年　国際大学婦人連盟第25回国際会議開会式］

平成7年8月に行われた国際大学婦人連盟第25回国際会議開会式での言葉。

国際大学婦人連盟は、女子教育の普及、女性の地位向上などを掲げる国際非営利団体。上の言葉のほかに、同年に第二次世界大戦の終結から50周年を迎えたことをふまえ、この50年間にも多くの地域紛争が起こっていることに触れられた。

平成10年５月24日、ポルトガルを訪問された美智子さま。サンパイオ大統領夫人の案内で、アジューダ宮殿を見学されている。

114

女性の自己発展に向けて

未来を
その小さい体いっぱいにたたえ、
輝くような女児たちと出会うことを、
いつも大きな喜びとしておりました

［平成7年　国際大学婦人連盟第25回国際会議開会式］

平成14年７月11日、ポーランド・ワルシャワの日本美術・技術センターを視察された天皇陛下（現・上皇陛下）と美智子さま。

平成7年8月19日、国際大学婦人連盟第25回国際会議開会式に参加され、右のように述べられた。

女性の自己発展に注目され、世界で生き抜く女児たちに対し「どうか彼女たちの一人一人が、一つの生命としても、一人の人間としても、決して暴力のもとに置かれず、愛され、尊重され、その持つ可能性を伸ばす機会を与えられますよう、心から願わずにはいられません」と話された。

忍耐を持つ社会へ

複雑さに耐え、
問題を担い続けていく
忍耐と持久力を持つ
社会であってほしいと
願っています

［平成9年　お誕生日に際し］

平成９年10月17日、天皇陛下（現・上皇陛下）とともに吹上御苑を散策する美智子さま。（宮内庁提供）

平成9年、63歳をお迎えになった美智子さまが宮内記者会で述べられた言葉。

日本にも現在、そして過去において簡単に結論づけることができない問題があるとし、さまざまな見地からの考察が必要という考えを示されたうえで、「どのような状態に達するのが社会として好ましいかを個人が念頭に置き、一つの指針とすることには意味があると思います」と述べられている。

116

戦争の悲惨さ

傷ついた内外の人のことを
これからも忘れることなく、
平和を祈り続けていかなければ
と思います

［平成10年　お誕生日に際し］

平成10年6月2日、デンマークを訪問された天皇陛下（現・上皇陛下）と美智子さま。晩さん会を主催したマルグレーテ女王らに出迎えられた。

平成10年の初夏、美智子さまは天皇陛下（現・上皇陛下）と英国、デンマークを訪問された。

英国を訪問された際には、元捕虜の人たちによる日本への抗議行動があり、戦争で苦しんだ世界中の人々へ思いを寄せられた。

これを通じ、「先の戦争で、同様に捕虜として苦しみを経験した日本の人々のこともしきりに思われ、胸塞ぐ思いでした」と述べられ、平和を願われていた。

117

制度への期待

これ（介護保険制度）が大勢の人々の協力を得、社会にとり良い結果をもたらすものとなるよう祈ります

［平成11年　お誕生日に際し］

平成11年11月12日、皇居前広場で開かれた「天皇陛下御即位10年をお祝いする国民祭典」を二重橋からご覧になる天皇陛下（現・上皇陛下）と美智子さま。

平成11年のお誕生日の際に、同年10月に介護保険制度の認定調査が開始されたことを受け、「初めて試みられる制度に対し緊張を覚えますが」と前述され、右の言葉を述べられた。

また、日本で「結核緊急事態宣言」が出されたことを受け、「結核予防が国民全体の取り組むべき課題として認識されることの必要を感じます」と述べられるなど、医療・介護について、関心と期待を寄せられた。

118

親しみをはぐくむ

日本にふさわしい形で、国民と皇室との間の親しみがはぐくまれていくことを願っております

［平成12年　オランダ、スウェーデンご訪問に際し］

平成12年5月24日、オランダを訪問された天皇陛下（現・上皇陛下）と美智子さま。小児身体障害者施設「ミチルスクール」で、女の子に顔を寄せて話しかけられた。

平成12年5月、天皇陛下（現・上皇陛下）と美智子さまはオランダ、スウェーデンを訪問された。

欧米諸国を例に、国民とどのように距離を取っていきたいかという質問に、右のように答えられた。

その際、「国民と皇室とが、常に理解と信頼をもって温かく結ばれているようでありたいと願っており、国民との接点はこれからも大切にしていきたいと考えております」と述べられた。

119

尊重の心

実名を捨てて暮らしてきた人々が、
人間回復の証として、
次々と本名を名のっていった姿を
忘れることができません

［平成13年　お誕生日に際し］

平成13年11月20日、天皇陛下（現・上皇陛下）とともに皇居を散策される美智子さま。（宮内庁提供）

昭和6年、日本中のすべてのハンセン病患者を、療養所に隔離できるという「らい予防法」が制定された。70年後の平成13年にこれが廃止された。美智子さまはこれを受けて、右のように述べられている。

加えて、「今後入居者の数が徐々に減少へと向かう各地の療養所が、入所者にとり寂しいものとならないよう、関係者とともに見守っていきたいと思います」とも述べられた。

120

過去に学ぶ

若い世代の人たちは、
私たちの、また、私たち世代の
力の足りなかった部分も含めて、
より多くの過去から
学ぶことができるでしょう

［平成13年　お誕生日に際し］

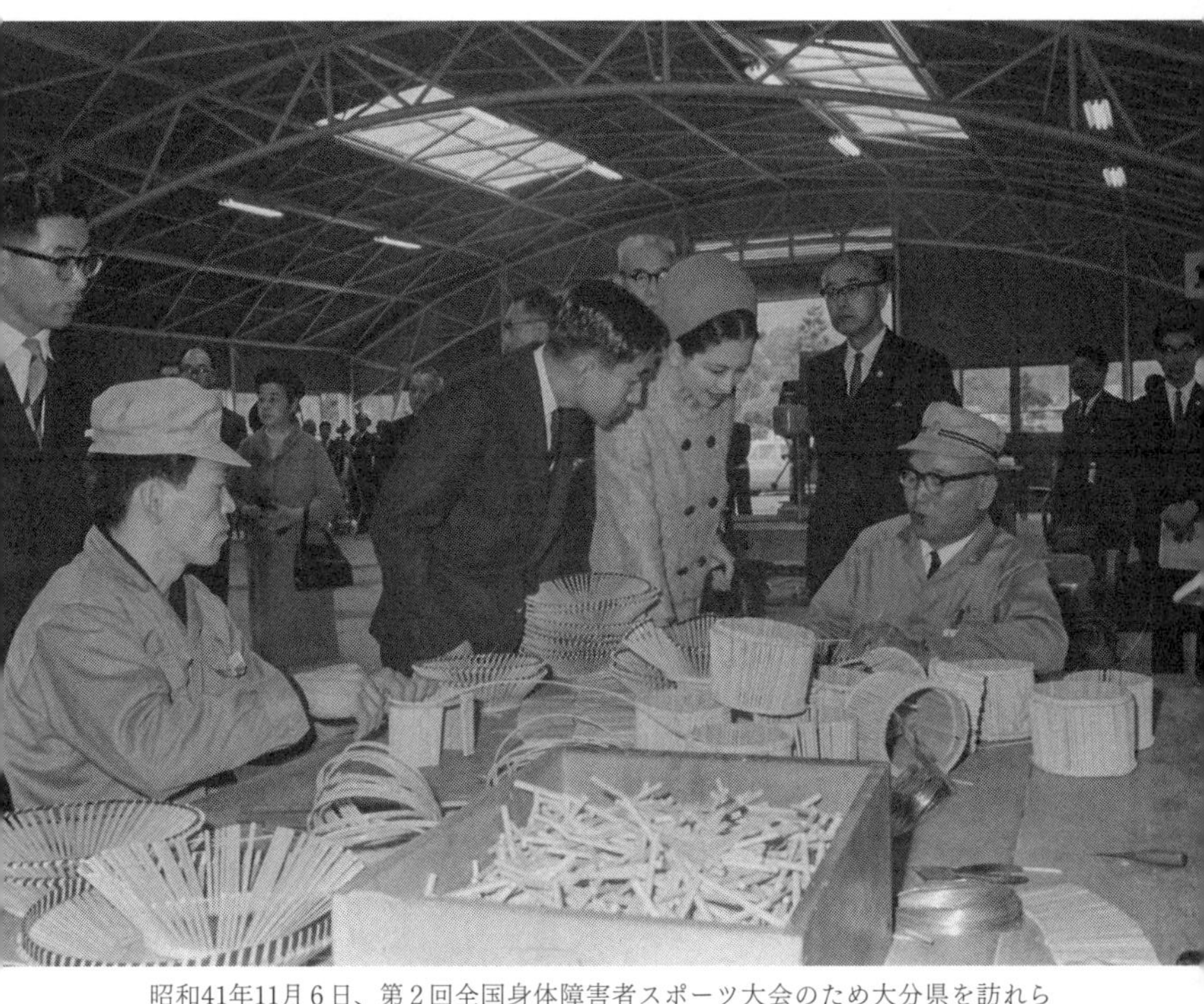

昭和41年11月６日、第２回全国身体障害者スポーツ大会のため大分県を訪れられた皇太子殿下（現･上皇陛下）と美智子さま。別府市の障害者施設「太陽の家」で、身体障害者の竹製品作りを視察された。

パラリンピック開催や福祉工場「太陽の家」の発足など、多くの変革があった昭和30年代などについて、「社会でたくさんの新しいことが手探りのように始められた時代」と振り返られ、右のように述べられた。

時代は常に移り変わっていて、それぞれの時代に社会の要請があるとお考えのなか、「何度も戸惑い、恐れ、時に喜びつつ、若い日々を過ごしてまいりました」と述べられた。

121

変化に求められる力

私にも時の変化に耐える力と、
変化の中で判断を誤らぬ力が
与えられるよう、
いつも祈っています

［平成14年　お誕生日に際し］

平成14年7月18日、ハンガリーを訪問された美智子さま。高齢者センターを出発する際、見送る職員とお話しされた。

平成14年のお誕生日の際に、宮内記者会に女性皇族のあり方を聞かれ、答えられた言葉。

明治天皇の皇后であった昭憲皇太后について、「明治の開国期に、激しい時代の変化の中で、皇后としての役割をお果たしになった」と述べられた。

また、女性皇族について、それぞれが求める女性像を「時と思いをかけて」完成していくことが望ましいだろうと語られた。

敬意と責任

子どもたちが生きていく世界が、どうか平和なものであってほしい

［平成14年　ＩＢＢＹ創立50周年記念大会の開会式］

平成14年、ＩＢＢＹ（国際児童図書評議会）創立50周年記念大会での言葉。

子どもたちを育てていくなかで、大きな喜びとともに、いいしれぬ不安を感じることもあったという。

「子どもの生命に対する畏敬と、子どもの生命を預かる責任に対する恐れとを、同時に抱いていた」とその理由を話された。

平成14年７月15日、オーストリアを訪問された美智子さま。クレスティル大統領、マリア夫人主催の午餐会に出席された。

123

次世代へ譲り渡す

家族や社会にとって
大切と思われる記憶についても、
これを次世代に譲り渡していくことが
大事だと考えています

［平成17年　お誕生日に際し］

消し去ることのできないもの

平成17年、美智子さまが71歳を迎えられた際の宮内記者会の質問に対する回答。同年は、戦後60年の節目だったこともあり、天皇陛下（現・上皇陛下）とともに激戦地となったサイパンを慰霊訪問されていた。美智子さまは戦時中を振り返り、「私にとり戦争の記憶は、真向かわぬまでも消し去ることのできないもの」と表現され、「私どもの世代が、戦争と平和につき、さらに考えを深めていかなければいけないとの思いを深くしています」と述べられた。

後世につなぐ

同年9月、美智子さまは、天皇陛下（現・上皇陛下）と紀宮さま（現・黒田清子さん）とともに、満蒙開拓の引揚者が戦後、那須を開拓してつくった千振開拓地を訪れられた。現地では、秋篠宮殿下と眞子さま（現・小室眞子さん）と合流し、初期に入植していた人から当時の話を聞かれるなど、後世への伝承に励まれていた。

124

寿(ことほ)ぐ気持ち

90歳、100歳と生きていらした方々を皆して寿ぐ気持ちも失いたくないと思います

［平成21年　天皇陛下ご即位20年に際し］

平成21年7月10日、カナダを訪問された美智子さま。集まった人たちに歩み寄り、歓迎に応えられた。

平成21年11月6日、天皇陛下ご即位20年に際し記者会見を受けられた。

右の言葉は、20年間で発生した自然災害を振り返られ、災害当時、問題視されていた高齢化問題に言及されたものだ。

また、記者から日本の将来への不安を聞かれると「心配をもちつつも、陛下と共にこの国の人々の資質を信じ、これからも人々と共に歩んでいきたいと思います」と述べられた。

125

次代に運ぶ者

前の御代からお受けしたものを、精一杯次の時代まで運ぶ者でありたいと願っています

［平成25年　お誕生日に際し］

平成25年12月23日、天皇誕生日に際して行われた一般参賀で手を振る天皇陛下（現・上皇陛下）と美智子さま。

平成25年のお誕生日に際した宮内記者会で、ご体調や健康管理、また、ご公務やご負担の軽減についての考えを示された。

美智子さまは、明治天皇が「昔の手振り」を忘れないようにと述べられていたことを心に留めておられ、「だんだんと年をとっても、繰り返し大前に参らせて頂く緊張感の中で、そうした所作を体が覚えていてほしい」ともお話しになっていた。

美智子さまの言葉 126

82歳の願い

ごく個人的なことですが、
いつか一度川の源流から河口までを
歩いてみたいと思っていました

［平成28年　お誕生日に際し］

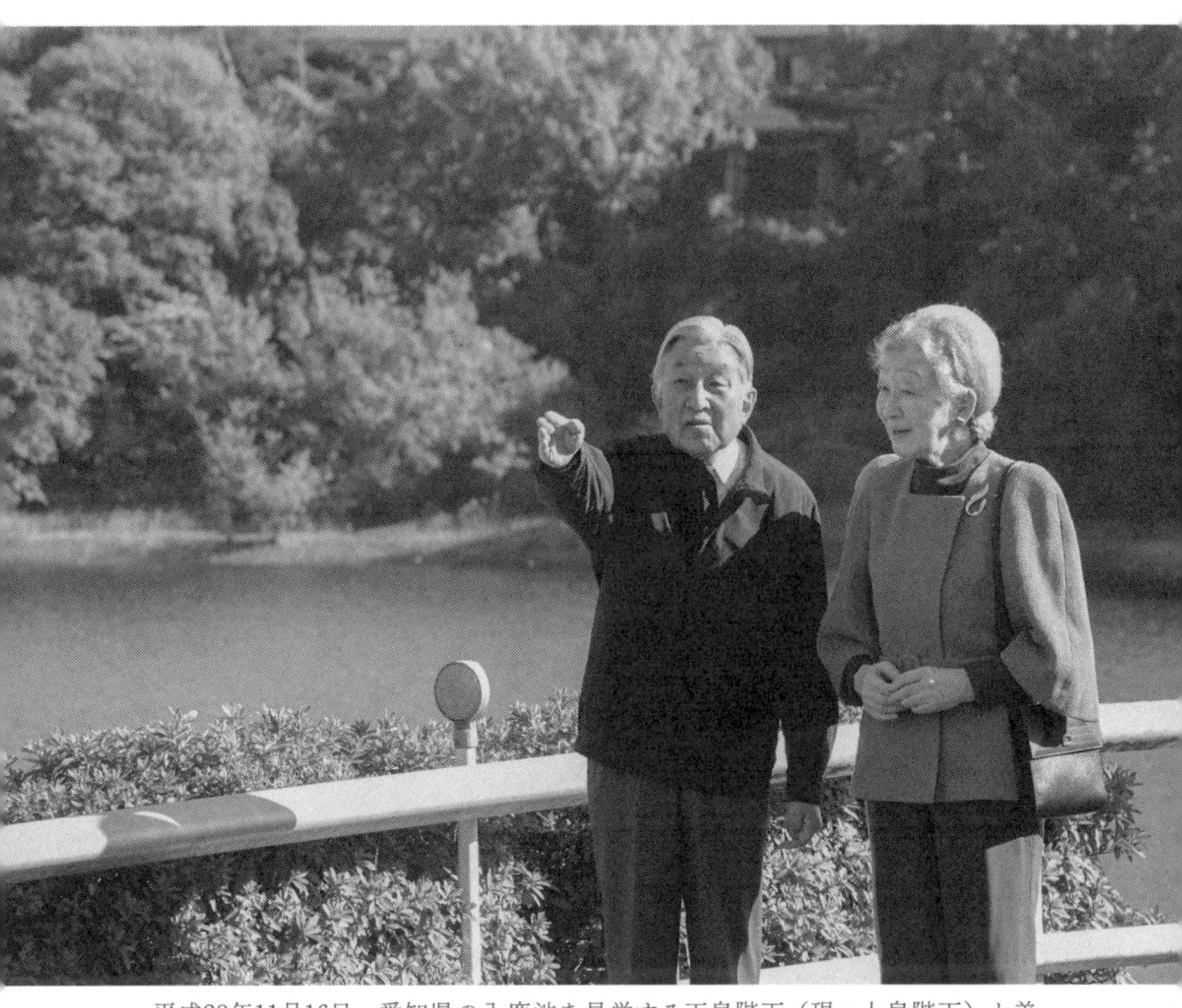

平成28年11月16日、愛知県の入鹿池を見学する天皇陛下（現・上皇陛下）と美智子さま。

右の言葉は平成28年、82歳をお迎えになった際の宮内記者会で、話されたもの。

同年7月、美智子さまは、天皇陛下（現・上皇陛下）と神奈川県小網代の森で、浦の川のほぼ源流から海までを歩かれた。その道々では、流域の植物の変化、昆虫の食草などの説明を受けられたという。

美智子さまはこの日を振り返られ、「大層暑い日でしたが、よい思い出になりました」と語られた。

127

伝統への思い

伝統と社会との問題に対し、思いを深めていってくれるよう願っています

［平成21年　天皇皇后両陛下御結婚満50年に際し］

平成21年７月９日、天皇陛下（現・上皇陛下）とともにトロント小児病院を訪れた美智子さま。子どもたちに子守歌「ゆりかごのうた」を歌われた。

平成21年、ご成婚50周年を迎えられた際、記者会見で右のように述べられた。

美智子さまは、伝統があるからこそ、国や社会などが力強く、豊かになれると話された。

伝統の問題は引き継ぐとともに、次世代にゆだねていくものとされ、「それぞれの立場から皇室の伝統にとどまらず、伝統と社会との問題に対し、思いを深めていってくれるよう願っています」と述べられた。

Column 8

時代を支える医療従事者を思って

美智子さまは、日本看護協会や全国赤十字大会などさまざまな分野で活躍する医療従事者を支援してきた。

平成８年の日本看護協会創立50周年記念式では、看護の歴史について「命への愛をはぐくみつつ苦しむ者に寄り添うべく、人知れず、自らの技術と感情とを学び続けた歴史」とされた。

平成21年全国赤十字大会では、紛争や自然災害が絶えない世界に思いを寄せられ、赤十字は傷病者の救護だけでなく、国際人道法の普及や促進を担っていると述べられた。

令和２年には、コロナ禍で活躍する医療従事者の努力を思われ、毎日、侍医や侍従に国内外の感染状況をお尋ねになるなど、世情の好転を案じられていた。

平成25年５月８日、全国赤十字大会に出席された美智子さま。有功章を授与された。令和元年を迎えた際には、美智子さまから雅子さまへと名誉総裁が引き継がれている。

第9章

上皇陛下の美智子さまへの思い

001

忘れられない恋

上皇陛下から美智子さまへ

たまたまの
出あひつくりし電話の声
耳に残りて未だ新し

［昭和33年ごろ　美智子さまと出会った1年後に詠まれたお歌］

昭和33年12月、結婚を控え、アルバムを見ながら話す皇太子殿下（現・上皇陛下）と美智子さま。（宮内庁提供）

軽井沢のテニスコートで運命の出会いを果たされた皇太子殿下（現・上皇陛下）は、その衝撃的な出会いを忘れられなかった。

出会いから1年が経ち、美智子さまへの想いをノートにひそかに綴ったのが、この歌である。

ほかに「一年前の夏、妹より軽井沢会庭球部部内トーナメントのさそひに接せり　このトーナメントにて美智子と初めて会ふ」という詞書も添えられていた。

002

運命の出会い

上皇陛下から美智子さまへ

長い試合でしたねえ

［朝日新聞　昭和33年11月27日付］

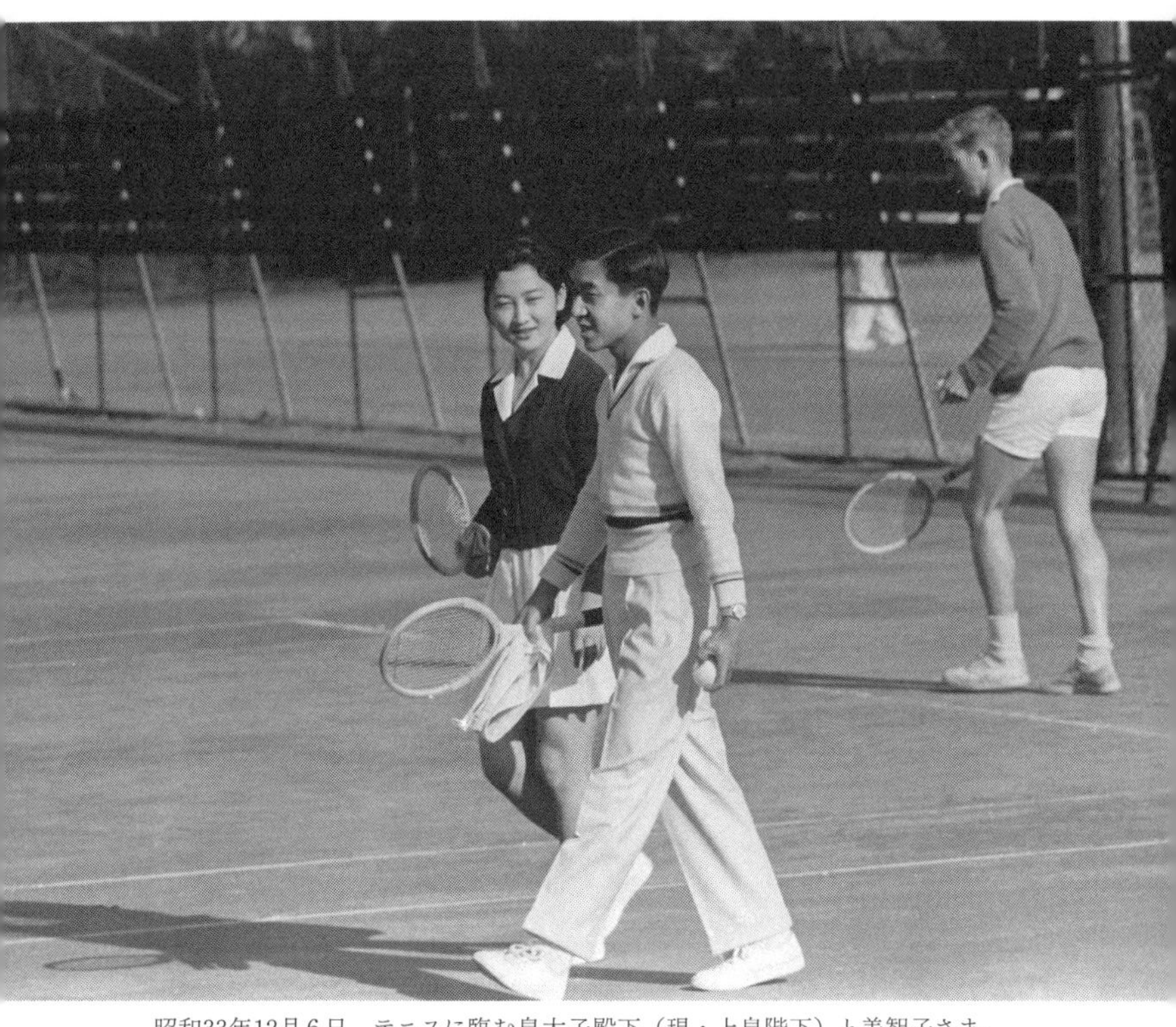

昭和33年12月6日、テニスに臨む皇太子殿下（現・上皇陛下）と美智子さま。

美智子さまと皇太子殿下（現・上皇陛下）がはじめてお会いしたのは、昭和32年8月18日に軽井沢で行われたABCDテニストーナメントだった。

お二人はダブルスの試合で対戦され、試合後に皇太子殿下から美智子さまに「長い試合でしたねえ」と言葉をかけられた。

テニスを通じて、一国の皇太子と、後に妃となる民間の女性が運命の出会いを果たしたのだ。

003

変わらない愛

上皇陛下から美智子さまへ

いつも私のつとめを本当に大切に考えて
やってきてくれたことが、
私にとっても非常に気持ちよく過ごせる
もとになったと思います

［昭和53年　皇太子殿下お誕生日に際し］

昭和53年5月15日、ネパール王国のビレンドラ国王とアイシュワリヤ王妃の歓迎行事であいさつをかわす皇太子殿下（現・上皇陛下）と美智子さま。

ご成婚20周年を迎えられ、家族への感謝の気持ちを語られた。

ご公務に真剣に取り組まれる美智子さまの苦労を気遣われ、美智子さまのお心配りが、皇太子殿下（現・上皇陛下）の支えとなっていたと述べられた。

また、皇太子殿下は美智子さまが両陛下をはじめ、皇太子殿下の姉妹弟のこともいつも大切に思っていることについて「うれしく思っている」と述べられた。

夫婦になって

上皇陛下から美智子さまへ

結婚して初めて、それまで味わえなかった心の安らぎを得られました

［昭和58年　皇太子殿下お誕生日に際し］

昭和58年2月13日、宮内庁新浜鴨場でカモ猟を楽しまれたご一家。

銀婚式を前に、これまでの人生を振り返られた皇太子殿下（現・上皇陛下）は、夫婦で暮らすことで、独身時代には味わえなかった心の安らぎが得られたと話された。

皇太子殿下は独身時代、両親と離れて東宮仮御所で、一人きりで生活されていた。夫婦で暮らしてきた25年間は、それまでの暮らしの中で得られなかった心の安らぎを感じることができたという。

005

おしどり夫婦

上皇陛下から美智子さまへ

（夫婦げんかについて）ないというわけではありませんね

［昭和58年　皇太子殿下お誕生日に際し］

平成30年２月19日、葉山御用邸前の海岸を散歩された天皇陛下（現・上皇陛下）と美智子さま。

夫婦円満の秘訣は「忠恕の気持ち」と答えられた皇太子殿下（現・上皇陛下）。

夫婦の暮らしのなかでは、相手への思いやりと、自分に忠実にということを大切にされているという。

会見のなかで夫婦げんかについて問われると、笑いながら「やはり、ないというわけではありませんね」と答えられた。

一般の家庭と変わらない、仲睦まじい夫婦の様子がうかがえる。

結婚のもつ力

上皇陛下から美智子さまへ

(美智子妃を)選んで、とても幸福でした

[昭和58年　朝日新聞にて]

昭和58年5月2日、国立歴史民俗博物館を見学された皇太子殿下（現・上皇陛下）と美智子さまと浩宮さま（現・天皇陛下）。

右の言葉は、昭和58年に銀婚式を迎えるにあたって述べられたものだ。

前段では「少年のころは、一人ぼっちでしたから、結婚は私のその後の生活に大きな意味を持っていたと思います」とお話しになっている。

銀婚式に際した記者会見では「楽しかったとか、つらかったというようなことだけではいい表せないものがあります」とこれまでを振り返られた。

007

いつも傍にいる

上皇陛下から美智子さまへ

点をつけるということはむずかしいけれども、まあ、努力賞ということにしようかと思っています

［昭和59年　ご結婚25周年に際し］

昭和59年4月9日、銀婚式を迎え、記者会見する皇太子殿下（現・上皇陛下）と美智子さま。

右の言葉は、昭和59年に銀婚式を迎えられた際の会見で、お互いに何点くらいをつけられるかと問われ、皇太子殿下（現・上皇陛下）が述べられた言葉。

前段では、美智子さまの日々の努力への感謝を示された。

これに対し、美智子さまは皇太子殿下がいたからこそできたことだと述べられ、「私も差し上げるとしたらお点ではなくて感謝状を」と話された。

008 父母としての務め

上皇陛下から美智子さまへ

私にとって家庭は
心の平安を覚える場であり、
務めを果たすための
新たな力を与えてくれる場
でありました

［平成11年　天皇陛下お誕生日に際し］

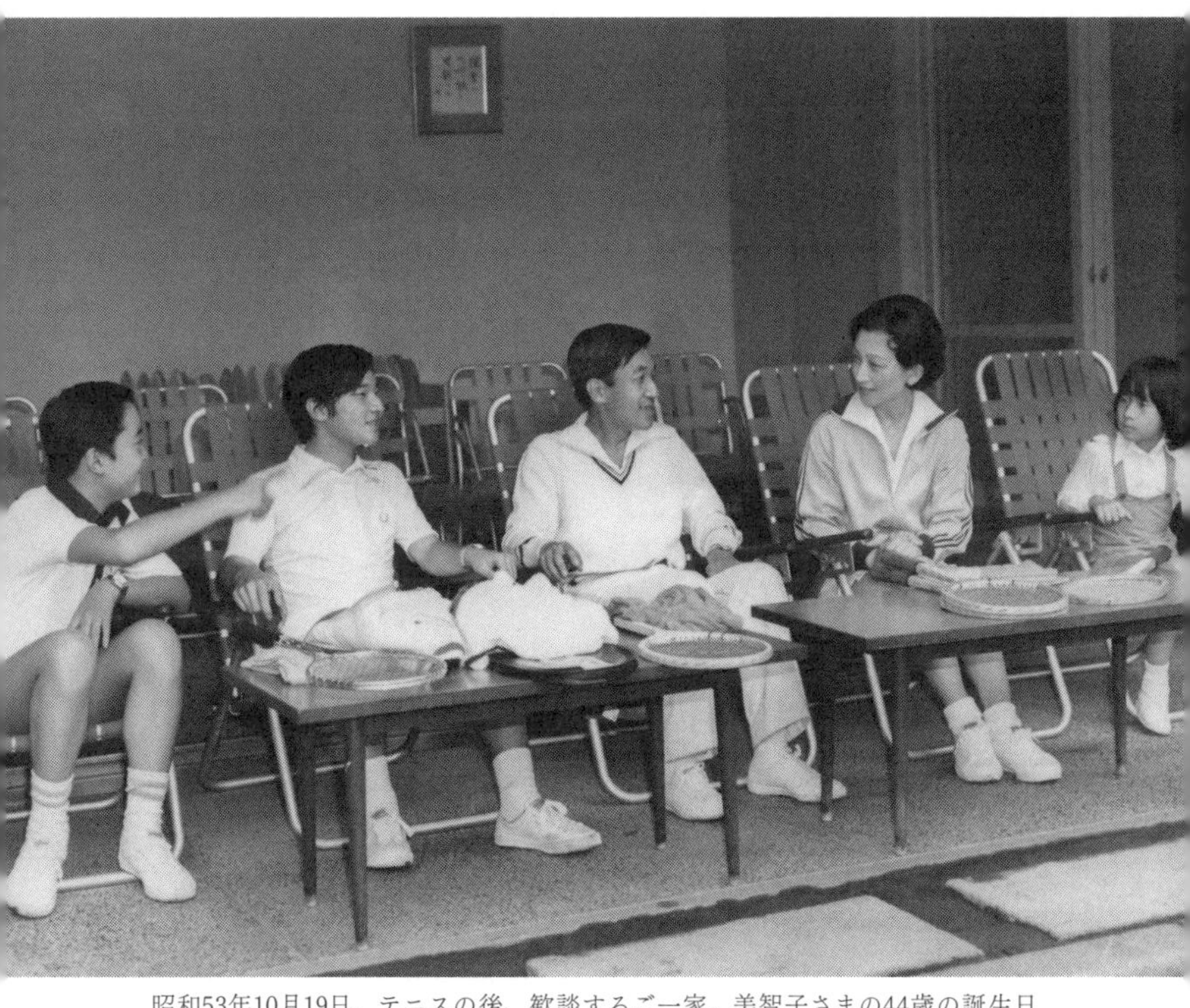

昭和53年10月19日、テニスの後、歓談するご一家。美智子さまの44歳の誕生日を迎えるに当たって撮影された。

平成11年、美智子さまとのご結婚から40年を迎えられた。その際、３人の子どもの独立を経て、改めて「家族」とはどんな存在かを問われた際の天皇陛下（現・上皇陛下）の言葉。

天皇陛下は、自らの手で子どもを育てることや家族でいる時間を大切にできたことについて、お許しになった昭和天皇と香淳皇后に感謝され、子育てと公務の両立を果たした美智子さまの頑張りをねぎらわれた。

009

金婚式での「感謝状」

上皇陛下から美智子さまへ

感謝状です。

皇后はこの度も「努力賞がいい」としきりにいうのですが、これは今日まで続けて来た努力を嘉（よみ）しての感謝状です

［平成21年　金婚式に際し］

平成21年７月13日、カナダを訪問された天皇陛下（現・上皇陛下）と美智子さま。日系博物館や日本語学校などがあるバンクーバーの「日系プレース」で笑顔で手を振られた。

ご結婚から50年が経ち、金婚式を迎えられたお二人。銀婚式で記者から投げられた「お互いに点数をつけるとしたら」という質問に、それぞれお点ではなく「努力賞」と「感謝状」を贈ったことから、この時もお点ではなく、美智子さまの日ごろの努力をねぎらう「感謝状」を差し上げられた。

美智子さまは、「いろいろな場面で多くの方に温かく導いていただいたという印象が強い」と述べられた。

010

二人三脚で歩む

上皇陛下から美智子さまへ

私は結婚により、私が大切にしたいと思うものを共に大切に思ってくれる伴侶を得ました

［平成25年　天皇陛下お誕生日に際し］

平成25年12月23日、「茶会の儀」で「春秋の間」から退出する天皇陛下（現・上皇陛下）と美智子さま。

平成25年12月18日、傘寿を迎えられた天皇陛下（現・上皇陛下）は、これまでの公務を振り返り、常に美智子さまが近くに寄り添い、天皇としての自分の立場を尊重してくれたことへ思いを寄せられた。

前段では、「大勢の誠意のある人々が支えてくれた」と述べられた。そのうえで、天皇という孤独とも思える立場にある自らを支えた美智子さまへの感謝を伝えられた。

011

努力を続ける

上皇陛下から美智子さまへ

本当に50年間
よく努力を続けてくれました。
その間にはたくさんの
悲しいことや辛いことが
あったと思いますが、
よく耐えてくれたと思います

［平成21年　金婚式に際し］

いつも笑いがあった

右の言葉は金婚式を迎えられた際の記者会見で天皇陛下（現・上皇陛下）が述べられた言葉。後段で、夫婦としてうれしく思ったことを聞かれると、美智子さまについて「皇后はまじめなのですが、面白く楽しい面を持っており、私どもの生活に、いつも笑いがあったことを思い出します」とお話しされた。また、「皇后が木や花が好きなことから、早朝に一緒に皇居の中を散歩するのも楽しいものです」と日々の思い出も述べられた。

少しでも持ちやすいように

美智子さまは夫婦としてうれしく思ったことについて、赤坂御所のお庭のクモの巣を払うため散策に出たときのお話をされた。

天皇陛下は美智子さまのために、ご自分のよりも軽く少しでも持ちやすいようにとクモの巣をつくための竹を少し短く切ってくれたという。この話の後、「今でもそのときのことを思い出すと、胸が温かくなります」と述べられた。

支えてくれる

上皇陛下から美智子さまへ

なんでも二人で話し合えたことは幸せなことだったと思います

［平成21年　金婚式に際し］

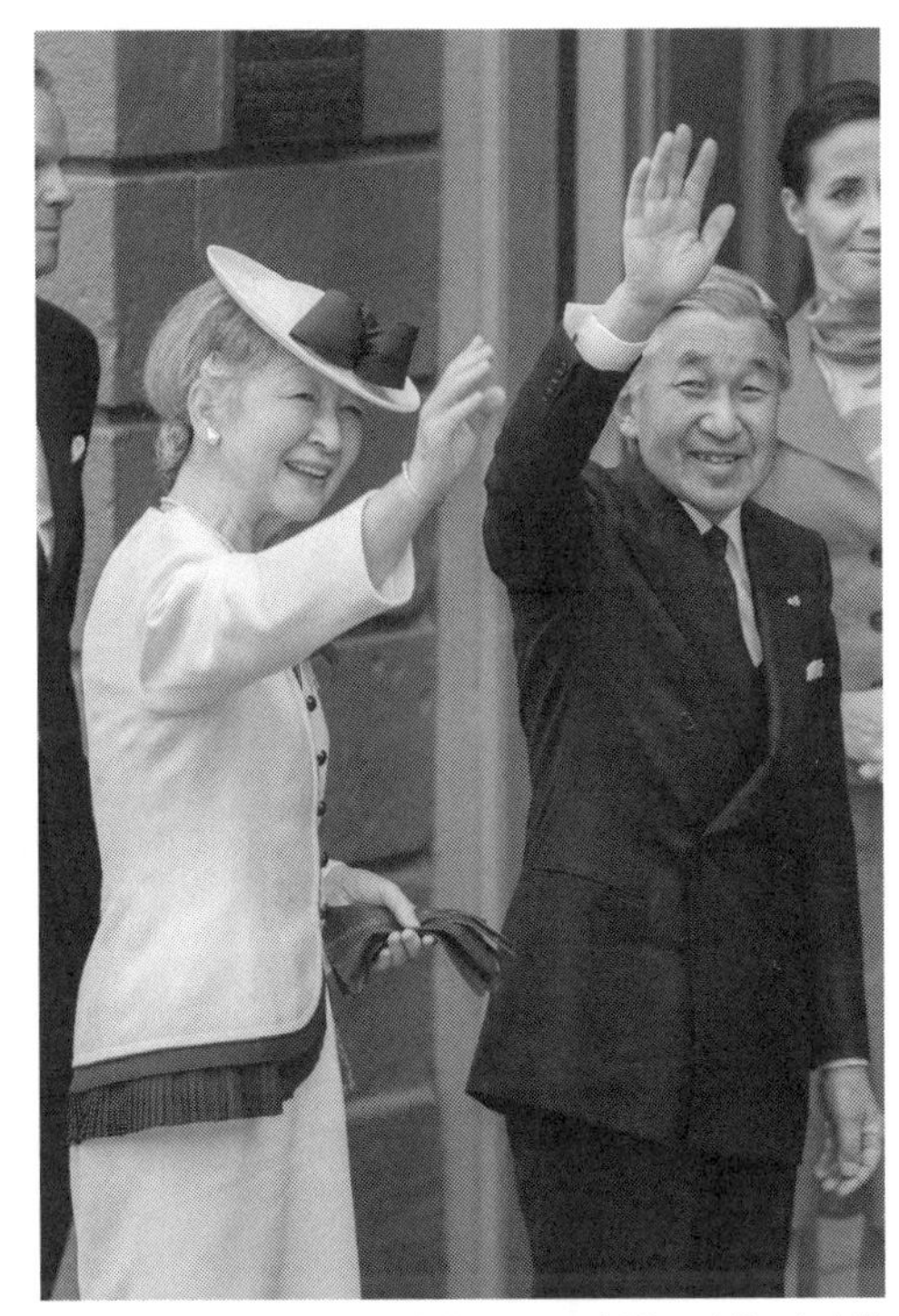

平成19年5月22日、スウェーデンを訪問された天皇陛下（現・上皇陛下）と美智子さま。

金婚式を迎えられた天皇陛下（現・上皇陛下）は、記者会見で右のように語られた。

天皇陛下は結婚前、美智子さまに対し、何度も電話で話し合い、支えてくれる人がどうしても必要であることを話していたという。

美智子さまは、ご結婚50年を迎え、「今日こうして陛下のおそばで、金婚の日を迎えられることを、本当に夢のように思います」と述べられた。

平成を経て

上皇陛下から美智子さまへ

心からねぎらいたく思います

［平成30年　天皇陛下お誕生日に際し］

平成25年２月７日、静養先の葉山御用邸前の海岸・小磯の鼻を散策する天皇陛下（現・上皇陛下）と美智子さま。（朝日新聞出版提供）

時代が平成から移り変わろうとするなか、天皇陛下として迎えられる最後の誕生日の会見が行われた。天皇として歩んできた30年という月日を、常に寄り添い支えてきた伴侶への深い感謝の想いを述べられた。

自らも国民の一人であった美智子さまは、皇室に加わり、皇室と国民の双方への献身を続けられ、公務の傍らで、いつも天皇陛下（現・上皇陛下）の心の支えとなっていた。

Column 9

偶然出会えた美智子さまへ上皇陛下の感謝

皇太子殿下（現・上皇陛下）は美智子さまとのご結婚が決まった際､「ぼくは彼女を好きになって結婚するんです」と述べられている。美智子さまと軽井沢のテニスコートで出会い、その後、だんだんと恋愛になっていったと話された。

皇太子殿下は、美智子さまとはじめてテニスコートで出会ったとき、美智子さまを写真に収められた。その写真は、東宮御所の文化展に出品された。

ご成婚25年の際にこのころを思い出し「そのとき、偶然出会っていなければ､こういうことにはならなかったと思います」と話された。令和を迎えて美智子さまに対し、皇室と国民の双方への献身を、真心もって果たしたと感謝と尊敬の念を示された。

昭和34年５月31日、結婚後はじめて、テニスに訪れた皇太子殿下（現・上皇陛下）と美智子さま。このとき訪れたのは東京・港区の東京ローンテニスクラブだった。

第10章

家族の
美智子さまへの思い

014

兄として

天皇陛下から美智子さまへ

おたたさま、あかちゃやまうまれておめでとう

［松崎敏弥『皇太子・美智子さまのご教育法』（昭和58年、ＫＫロングセラーズ）］

昭和36年６月24日、静養先の葉山御用邸前の一色海岸に出て、皇太子殿下（現・上皇陛下）、美智子さまと砂浜で遊ぶ浩宮さま（現・天皇陛下）。

礼宮さま（現・秋篠宮殿下）が生まれた後に、浩宮さま（現・天皇陛下）が美智子さまに送った手紙の一部。礼宮さまが生まれた昭和40年当時、５歳だった浩宮さまは、赤いマジックペンで覚えたてのひらがなを使って手紙を書いた。

浩宮さまは、少しずつ兄らしくなったが、その一方で、美智子さまに「おたたちゃま、ぼくを抱いてみてちょうだい」ということもあった。

015

かけがえのない存在

天皇陛下から美智子さまへ

私たちを含むほかの皇族が
代わることのできないものが
多くあることも
事実であると思います

［平成13年　皇太子殿下お誕生日に際し］

日程が過度にならないように

右の言葉は、皇太子殿下（現・天皇陛下）が平成13年の誕生日に際し、美智子さまのご公務に対して述べられた言葉。

同年、美智子さまは公務の多忙が原因となり、体調を崩された。皇太子殿下は、両陛下の日程が過度にならないように目配りをすることも大切としたうえで、「過度のご負担をお掛けすることなくご公務をしていただく配慮が求められている」と述べられた。

皇太子としての務めを果たす

皇太子殿下は、ご負担が多いご公務のひとつとして、外国訪問を挙げられた。

「外国訪問については、国民の皇室に望むもののうちの大きなものであるというふうに思いますけれども、機会があればいつでもお役に立ちたいと思っております」と述べられ、一存で決められないものであることを前提として、皇太子として何ができるかを常に考えながら務めを果たしていくと述べられた。

共有する

天皇陛下から美智子さまへ

皇后陛下には、
そうした陛下の
お気持ちを心から共有され、
常に陛下を
お支えになってこられました

［平成31年　皇太子殿下お誕生日に際し］

令和元年６月２日、全国植樹祭に出席された天皇陛下と雅子さま。来場者に手を振りながら会場を後にされた。

平成31年、皇太子殿下（現・天皇陛下）のお誕生日に、天皇陛下（現・上皇陛下）と美智子さまへの思いを述べられた言葉。象徴としてあるべき姿を模索してこられた天皇陛下に寄り添い、支えていた美智子さまをねぎらわれた。

お二人のご公務への姿勢について、「真摯にお務めに取り組んでこられる」と表現され、ご自身も「今後とも務めに取り組んでまいりたい」と述べられた。

017

長きにわたって

雅子さまから美智子さまへ

日々、国民の幸せを願われながら、
長きにわたりお仕事の一つ一つを
大切にお務めになってこられていることに
深い感慨と感謝の念を抱きました

［平成26年　雅子さまお誕生日に際し］

学ばせていただけることへの感謝

右の言葉は、天皇陛下（現・上皇陛下）が傘寿を迎えられたことに際して、雅子さまが述べられた言葉。

「ご一緒にお祝い申し上げることが出来ましたことをとても嬉しく存じます」と述べられ、皇室のありかたや伝統などを学ばせていただけることへの感謝の気持ちを伝えられた。その後、お二人のお体をお思いになり、長い間ご公務を務め上げられたことへの尊敬の念を示された。

築かれてきた親密な関係

雅子さまは、平成26年10月にオランダ王室が訪日されたことについて触れられ、「天皇皇后両陛下には、これまで長年にわたりお心を砕きになられてオランダ王室と親密な関係を築いてこられました」と述べられた。雅子さまは、訪日の際の国賓行事などで国王王妃両陛下をお迎えするなどのお務めをされている。

相応しい言葉

雅子さまから美智子さまへ

皇太子殿下にも「感謝状」を差し上げてもよろしいものでしょうか…

［平成30年　皇太子同妃両殿下ご結婚25年に際し］

温かくお見守りいただいて

平成30年、皇太子殿下（現・天皇陛下）と雅子さまは、ご成婚25周年を迎えられた。記者会見にて、お互いに点数をつけると何点かと聞かれると、ご成婚25周年の際に、美智子さまが差し上げられた「感謝状」という言葉以上に相応しい答えが見つからないとされ、右のようにお話しになった。その後、「私たちのこの25年間の歩みを温かくお見守りいただいてまいりました」と述べられた。

温かい家庭を築く

この会見で、皇太子殿下は雅子さまに銀婚式にちなんで「銀メダル」も送ると述べられた。雅子さまはこれに対して、「その寛大なお気持ちを大変ありがたく思いますとともに、金婚式に『金メダル』をいただけますかどうかは心許なく感じますが、これからも温かい家庭を築いていくことができますよう、私のできます限り努力していきたいと思っております」とつなげられた。

019

歓迎の心

雅子さまから美智子さまへ

私がお受けすることになれば両陛下も温かくお迎えするとおっしゃって下さっている、ということで、私にとっては大変大きな励みになりました

［友納尚子『皇后雅子さま物語』（令和元年、文春文庫）］

平成5年6月9日、「朝見の儀」の後、天皇陛下（現・上皇陛下）と美智子さまとともに写真を撮られる皇太子殿下（現・天皇陛下）と雅子さま。

雅子さまはご結婚前、皇室に入ることに対して、不安を抱かれていた。

そんな雅子さまに対し、美智子さまは温かく迎える旨を皇太子殿下（現・天皇陛下）に伝え、雅子さまの不安を拭おうとされた。

結婚前、雅子さまは美智子さまと直接お話しすることはなかったが、そうした皇太子殿下を通じて美智子さまのお心配りに感謝のお気持ちを示されている。

公人として

秋篠宮殿下から美智子さまへ

母が皇室の一員である自覚を保ちつつ、同時に正田家への感謝となつかしさをどんなに強く感じていたかを知りました

［昭和63年　ブラジル訪問に際し］

昭和59年８月12日、イギリスのオックスフォード大学マートン・カレッジの夏休みを利用して帰国された浩宮さま（現・天皇陛下）を迎える皇太子殿下（現・上皇陛下）ご一家。イギリスを旅行していた紀宮さま（現・黒田清子さん）も浩宮さまとともに一時帰国された。

礼宮さま（現・秋篠宮殿下）は、美智子さまの母・正田富美子さんが亡くなったことを受け、右のように述べられた。

礼宮さまは、美智子さまが母親を亡くされた際に述べられた「私はもう正田家の者ではなく、公人です」という言葉に対し、皇族としての自覚をもち、ご家族に感謝した言葉だろうと述べられた。

021

家族としての時間

紀宮さま（現・黒田清子さん）から美智子さまへ

子供たちは皆
お手元で育てていただき、
一つの家族として過ごせたことは
本当に有り難いことでした

［平成16年　紀宮さまお誕生日に際し］

昭和51年３月５日、学習院幼稚園卒園遠足で「こどもの国」を散策する紀宮さま（現・黒田清子さん）と美智子さま。

紀宮さま（現・黒田清子さん）が天皇陛下（現・上皇陛下）と美智子さまを思い述べられた言葉。

「両陛下のお間の絆は、陛下の全てに添われていく皇后さまのご姿勢にも、楽しく時にはおかしな事を共に笑い合われる微笑ましい場面にも感じられます」と述べられている。そして、美智子さまが天皇陛下のお立場を常に第一に考え、尊重され支えてこられたことに敬意を示された。

022

実り多い日々

紀宮さま（現・黒田清子さん）から美智子さまへ

とても嬉しそうに微笑まれて、「おめでとう」と喜んでくださいました

［平成16年　紀宮さま婚約内定会見］

平成17年４月12日、ノルウェーのホーコン皇太子を昼食会に招き、御所の玄関であいさつを交わす紀宮さま（現・黒田清子さん）と美智子さま。

平成16年12月30日の紀宮さま（現・黒田清子さん）の婚約内定会見での言葉。

あまり多くを語られずに静かに見守られていたという天皇陛下（現・上皇陛下）と美智子さまに対し、「結婚をした後のことはお心にお置きになりながらも、内親王という立場にいる間は、この期間をこの立場で実り多く過ごすということを大事に、育ててくださいました」と感謝の思いを述べられた。

023

導いてくださった

紀子さまから美智子さまへ

改めて平成の時代をふりかえる中で、長い間お導きくださいました

［令和元年　紀子さまお誕生日に際し］

令和元年８月16日、ブータンを訪問するため、羽田空港を出発する紀子さまと悠仁さま。

令和元年に紀子さまが述べられた言葉。

紀子さまは「平成」を振り返られ、人々の健やかなくらしのための取り組みや学校やキャンプでの活動を通じ、活力をもらった時代だったと話された。

子どもと本をつなぐ仕事に力を入れられ、イタリアで出版された絵本『ゾウのソフィ』や『アリクイのオーレ』（ともにビッキー・イーガン著）などの翻訳もされている。

024

読書好きの共通点

眞子さま（現・小室眞子さん）から美智子さまへ

おなじうさぎでも
なみのうさぎではありません

［FNNプライムオンライン］

平成30年７月21日、ブラジルを訪問される際の眞子さま（現・小室眞子さん）。見送りに来た人たちに手を振られている。

美智子さまは読書好きとして知られるが、眞子さま（現・小室眞子さん）も同じく幼少期より本が好きで、学生時代は何冊も本を持ち歩かれていたという。

読書好きの共通点をもつお二人。眞子さまが幼いころに美智子さまと一緒に絵本を読まれることもあった。

右の言葉は、一緒に読まれたうさぎの出てくる絵本のなかの一節。その一節を気に入った眞子さまが、何度も言われていた。

若い世代に大切なこと

佳子さまから美智子さまへ

私たち若い世代にとって大切なことをお話し下さいます

［平成31年　佳子さま国際基督教大学ご卒業に際し］

令和元年９月16日、オーストリアを訪問された佳子さま。ファン・デア・ベレン大統領と話をされている。

右の言葉は国際基督教大学ご卒業に際して、佳子さまが述べられた言葉。

天皇陛下（現・上皇陛下）と美智子さまの活動について聞かれた際、佳子さまは、「まるでご自身のことのように、時にはお心を痛められ、時には喜ばれるご様子に触れ、強く心に残るものがございました」と述べられ、真剣な思いがあるからこそ温かい心が自然と伝わってくるのではないかと話された。

海外から美智子さまへの言葉

国内だけでなく、海外との交流も深い美智子さま。海外の人々が美智子さまについてどのように考えているかをまとめた。

これはあなたがお持ちになっているのがふさわしい

［アメリカ　エスター・ローズ女史の言葉『天皇皇后両陛下の80年　信頼の絆をひろげて』（平成26年、毎日新聞社）］

エスター・ローズは、皇太子殿下（現・上皇陛下）の英語の先生で、戦時中はアメリカで日系アメリカ人が強制収容されていた収容所で奉仕活動をしていた。その際、収容者からもらったペンダントを美智子さまに渡したときの言葉。

彼女はまるで「ローマの休日」のアン女王のようだった

［CNN　令和元年4月］

皇太子殿下（現・上皇陛下）と美智子さまの出会いからご結婚までをまとめた際に、美智子さまをこのように表現した。

日本で最も崇高なる人物の前髪で蜜をかき集める大胆不敵なこの虫を、皇后陛下は指先で優しく触れる風雅な作法でお払いになりました

［『ポアン・ド・ヴュ』］

天皇陛下（現・上皇陛下）と美智子さまがカナダを訪問されたときに、天皇陛下の髪に止まった虫をそっと取られる美智子さまを表現した。

その穏やかな
性質を持って、
被災者を何度も
訪問することで、
明仁天皇と
美智子皇后は
皇室の人気を
高める立役者になった

[『ターゲス・アンツァイガー』　令和元年4月]

天皇陛下（現・上皇陛下）の退位を受けて、上皇陛下と美智子さまの活躍ぶりを讃えた。

それまで
遠い存在だった
皇族に
人間らしさを
もたらした

[『The New York Times』　令和3年10月]

戦争後はじめて、一般人として皇族と結婚した美智子さまが、子どもたちを皇室の侍従に預けずに自ら育てたことや、天皇陛下（現・上皇陛下）とともに災害の被害者や障害のある人々に膝をついて話をされたことを受けて、右のように述べた。

翌朝、悲しみを胸中に収め、
皆と談笑しながら朝食をいただく
美智子さまの姿に敬服させられました

[駐日米国大使夫人のライシャワー・ハルさんの言葉　産経新聞　平成30年5月9日付]

美智子さまがボストンを訪問されていたとき、日本から美智子さまの母・正田富美子さん逝去の知らせがあった。涙の1滴も見せず、「日本を出るときから覚悟はしておりました」と静かに言われたことを受けて述べた言葉。

年齢	年号	事歴	世界の主な出来事
0歳	昭和9年	10月20日　東京市にて正田英三郎、富美子夫妻の長女としてご誕生	ドイツ・ポーランド不可侵条約締結
7歳	昭和16年	雙葉学園雙葉小学校附属幼稚園ご卒園	太平洋戦争
13歳	昭和22年	雙葉学園雙葉小学校ご卒業	日本国憲法施行
16歳	昭和25年	聖心女子学院中等科ご卒業	第一回プロ野球日本選手権試合開催
19歳	昭和28年	聖心女子学院高等科ご卒業	奄美諸島が日本に返還
23歳	昭和32年	聖心女子大学文学部外国語外国文学科ご卒業 軽井沢会テニスコートで皇太子殿下(現・上皇陛下)に出会う	日本最初の原子炉JRR－1が臨界に達する
24歳	昭和33年	11月27日　皇室会議にてご結婚が決定	東京タワー完成
25歳	昭和34年	4月10日　皇居・賢所にて結婚の儀が執り行われる	NHK教育テレビ・フジテレビジョンの放送が始まる

年齢	年	事歴	出来事
26歳	昭和35年	2月23日　浩宮徳仁親王(現・天皇陛下)ご出産 日米修好通商100年記念にてご夫妻で初の海外ご訪問	ローマ・オリンピック開催
29歳	昭和38年	流産の手術を受けられる	ケネディ大統領暗殺
31歳	昭和40年	11月30日　礼宮文仁親王(現・秋篠宮殿下)ご出産	3C時代(自動車、カラーテレビ、クーラー)
35歳	昭和44年	4月18日　紀宮清子内親王(現・黒田清子さん)ご出産	人類初の月面着陸
41歳	昭和50年	火炎ビン事件に遭われる	第二次ベビーブーム
50歳	昭和59年	銀婚式を迎えられる	ロサンゼルス・オリンピック開催
52歳	昭和61年	ご夫妻で初の歌集『ともしび』を出版	英チャールズ皇太子とダイアナ妃が来日
54歳	昭和63年	母・正田富美子さんがじん不全のため78歳で亡くなる	ソウル・オリンピック開催

注：年齢は各年号での満年齢を示している。
　　事歴はその年号での出来事を記載している。

年齢	年号	事歴	世界の主な出来事
55歳	昭和64年	昭和天皇崩御に伴い、新天皇即位 美智子さまは皇后になられる	消費税施行、税率は3％
56歳	平成2年	礼宮さまが川嶋紀子さんとご結婚	バブル崩壊で株が暴落
59歳	平成5年	皇太子殿下が小和田雅子さんとご結婚	サッカーJリーグ開幕
63歳	平成9年	歌集『瀬音』をご出版	消費税率を5％に引き上げ
65歳	平成11年	父・正田英三郎さんが95歳で亡くなる	地域振興券を政府が子ども・高齢者に支給
67歳	平成13年	12月1日　皇太子家に敬宮愛子内親王ご誕生	小泉純一郎内閣発足
68歳	平成14年	IBBY（国際児童図書評議会）創立50周年記念大会にご出席のため単独でスイスをご訪問	ソルトレークシティー・オリンピック開催
71歳	平成17年	紀宮さまが黒田慶樹さんとご結婚	トリノ冬季オリンピック開催

75歳	平成21年	金婚式を迎えられる	鹿児島市の桜島が爆発的噴火
78歳	平成24年	エリザベス女王即位60周年記念式典にご出席	ロンドン・オリンピック開催
81歳	平成27年	戦後70年にあたりパラオ共和国をご訪問	北陸新幹線の長野―金沢間が開業
82歳	平成28年	国交正常化60周年にあたりフィリピンをご訪問	リオデジャネイロ・オリンピック開催
83歳	平成29年	「天皇の退位等に関する皇室典範特例法」が国会で成立 秋篠宮家の眞子さまが婚約内定を発表	九州北部で記録的集中豪雨が発生
84歳	平成30年	全国植樹祭出席のため福島県をご訪問	平昌オリンピック開催
85歳	令和元年	5月1日　新天皇が即位され、上皇后になられる	ラグビーW杯開催
86歳	令和2年	葉山御用邸にご滞在	東京オリンピック・パラリンピックが延期に
87歳	令和3年	天皇陛下が第32回オリンピック競技大会の開会式にてご挨拶	東京オリンピック開催

■主要参考文献

宮内庁侍従職 監修『皇后陛下お言葉集　あゆみ』(海竜社)／薗部英一 編『新天皇家の自画像』(文藝春秋)／河原敏明『美智子さまのおことば　愛の喜び・苦悩の日々』(ネスコ)／朝日新聞／毎日新聞／宮内庁ホームページ

■監修者プロフィール

小田部雄次(おたべ・ゆうじ)

静岡福祉大学名誉教授。昭和27年、東京都生まれ。立教大学大学院文学研究科博士課程後期単位取得退学。国立国会図書館海外事情調査課非常勤職員、静岡福祉大学社会福祉学部教授などを経て、現職。専門は日本近現代史。著書に『皇族』(中央公論新社)など多数。

写真提供：朝日新聞社

米寿のお祝い記念

美智子さま　愛のお言葉大全

2021年12月28日　第1刷発行

監　修　　小田部雄次
編　者　　別冊宝島編集部
発行人　　蓮見清一
発行所　　株式会社宝島社
〒102-8388　東京都千代田区一番町25番地
電話(営業)03-3234-4621　(編集)03-3239-0926
https://tkj.jp

印刷・製本　中央精版印刷株式会社

ISBN978-4-299-02344-5

Printed in Japan